JUEGOS PARA EL DESARROLLO INTELECTUAL

Título original: *Intelligence in Action. Physical activities for enhancing abilities*
Publicado por Prentice-Hall

Av. Cuauhtémoc 1430,
Col. Santa Cruz Atoyac,
03310, México, D.F.

Pichincha 969 (C1219ACI)
Buenos Aires, Argentina
Tel./fax: (54 11) 4308-3636
e-mail: info@troquel.com.ar

Ilustración de tapa: Pablo De Fazio
Ilustraciones interiores: Daniela Kantor

Primera edición: abril de 2004

ISBN: 950-16-3107-9

Queda hecho el depósito que establece la ley 11.723

Printed in Argentina
Impreso en Argentina

www.troquel.com.ar

JUEGOS PARA EL DESARROLLO INTELECTUAL

BRYANT J. CRATTY

Este libro está dedicado a los niños que tratan de pensar y a los maestros que intentan permitírselo.

ÍNDICE

Prefacio 7

Capítulo 1
Introducción 9

Capítulo 2
Memorización 17
¿También tú?
Visitas
Recuerda los movimientos
¿Dónde y qué?
¿Cómo saltamos?
Alrededor de los "árboles"
Recuerda las letras
Recuerda los obstáculos
Sobre, debajo, detrás
Actividades con pelota
Animales
Tiro al blanco
¿Cuáles son más fáciles de recordar?
Repetición
Interferencia
Oír, decir y mostrar
Al día siguiente
Observación versus práctica

Capítulo 3
Categorización 33
Objetos triangulares
Mira y escoge
Arriba y abajo
Objetos inclinados
Objetos curvos
Izquierda y arriba
Intersecciones
Líneas y círculos
Huellas
¿En cuántas categorías?
¿Qué es un juego?
La letra "A" es la letra "A"
Tipos de letras

Capítulo 4
Comunicación del lenguaje 47
Haz lo que digo
Observa, escucha, relata
El robot
Componer y descomponer palabras
Mayúsculas y minúsculas
Izquierda y derecha
Palabras y sonidos
Observa, escribe y lee
Añadir y decir
Juegos de otros países
Juegos en la historia
Construye y comparte
Baila y comparte

Capítulo 5
Evaluación 57
¿Hasta dónde puedes?
¿Cuál es diferente?
Diferencias entre mis compañeros
Compañeros
¿De cuántas maneras corremos?
Adivinar y ponerse a prueba
Brazos y piernas
Fuerza de piernas
Impulsa la pelota
¿Fácil o difícil?
Los límites

Capítulo 6
Resolución de problemas 69
¿De cuántas maneras?
¿De cuántas formas puedes hacerlo con límites?
Hay un solo camino
Análisis y síntesis
¿Qué es un juego?
¡¡La reversa!!
Los opuestos
Cambio de código

Repite
Confusión
Movimientos invertidos
Ponerse en acción y detenerse
Agrega otra cosa
Aros y blancos
Pista de obstáculos en reversa
Elige las reglas
Analiza y cambia
Combina y cambia
Lo nuevo con lo viejo
Naciones Unidas

Capítulo 7
Reglas lógicas para juegos infantiles 85

Capítulo 8
Revisión y aplicaciones 91

PREFACIO

En los últimos años, ha habido un marcado interés respecto al lugar que ocupan las actividades físicas dentro del programa educacional total, tanto para niños de escolaridad común como para aquéllos con necesidades especiales. Esta preocupación nos ha conducido a especular que varias clases de experiencias con el movimiento físico ejercen un cambio positivo en las capacidades sociales, emocionales, perceptuales e intelectuales.

Sin embargo, los autores que han tratado de delinear metodologías del movimiento no siempre han logrado armonizar los objetivos con el contenido del programa. A veces, las especulaciones desacordes con el conocimiento contemporáneo, en cuanto a la transmisión del adiestramiento, han avanzado, hecho que sugiere que el involucrarse en actos motores bastante simples promueve procesos intelectuales y/o perceptuales complejos. En este libro he tratado de invertir la tendencia, y dar una alternativa a esta clase de especulación. El propósito aquí es ilustrar exactamente cómo se puede armonizar, con relativa precisión, los contenidos académicos curriculares con los objetivos que comprenden el progreso intelectual. Más aún, el texto contiene formas en las que las experiencias de movimiento pueden emplearse para medir las capacidades intelectuales de los niños.

Al escribir este libro pronto me di cuenta de que se puede incorporar verdadera y virtualmente cualquier capacidad intelectual a una lección cuyas experiencias de movimiento sean el ingrediente principal. Así como no es necesario emplear la acción para promover el pensamiento, las actividades motrices sí motivan y pueden observarse en seguida, ya que están invitando al niño a participar, y ofreciendo al maestro una vívida "retroalimentación" de la calidad del esfuerzo intelectual que han comprometido en las acciones sus alumnos.

Con el contenido de este libro se quiere sugerir más que prescribir, y sus conceptos pueden desarrollarse y ampliarse casi interminablemente. Por ejemplo, si se está interesado en generar el pensamiento político en la mente de los niños de Educación básica, los juegos sirven como trampolín, de estímulo para la discusión de conceptos como el poder, las guerras, el conflicto, o conceptos similares. Los juegos que comprende el cifrar y descifrar, aquí descritos, pueden igualmente emplearse en una gran variedad de formas.

Algunos maestros, al revisar este trabajo, han ideado ingeniosas modificaciones del material. Por ejemplo, las tan tediosas cuadrículas de números y letras pueden observarse sobre una superficie vertical usando un proyector de diapositivas que permita a los niños lanzar, correr, y señalar sus respuestas a las preguntas y a los problemas planteados. Muchos otros han adaptado este tipo de enfoque al aprendizaje con varias clases de niños con necesidades especiales, incluyendo los que sufren de ceguera parcial, los sordos, los afectados a nivel motor, y los emocionalmente perturbados. Otros encuentran que este tipo de método de aprendizaje, a través del movimiento, es muy valioso para el niño de edad preescolar y para el niño que se encuentra en los primeros años de la Educación básica.

Muchas personas me ayudaron a descubrir algunas de las ideas comprendidas en este texto. Algunos son colegas de otros países, y otros psicólogos, en particular John. Guilford, Jerome Bruner, y aquéllos cuyo trabajo me proporcionó una guía útil. La influencia de Jean Piaget salta a la vista en lo que vendrá a continuación. Sobre todo me gustaría agradecer a los niños con los que he trabajado en muchas demostraciones, en las escuelas de educación regular. Las ideas que aparecen a continuación comenzaron a tomar forma al observar y cuestionar.

B. J. C.

CAPÍTULO 1

Introducción

Los documentos a nuestra disposición indican que, desde los albores de la historia, el hombre ha manifestado preocupación por la naturaleza de la inteligencia. Los escritos filosóficos que datan de la Edad de Oro de Grecia, y aun de tiempo atrás, señalan el interés por cómo ocurre el aprendizaje, de qué maneras puede desarrollarse la memoria, y cómo se organizan e interpretan los sucesos.

Las mismas preocupaciones pueden encontrarse en los escritos de estudiosos y en momentos históricos más recientes. Dos problemas paralelos y relacionados entre sí han surgido a partir de ellas: a) ¿Cuál es la estructura de los esfuerzos intelectuales humanos? y b) ¿Cómo podría ampliarse el funcionamiento cognoscitivo mediante su contacto con experiencias educacionales formales e informales?

Los comienzos del despertar intelectual ocurrieron hacia fines de la década de 1700 y los comienzos de 1800, época en que este tipo de problemas empezó a explorarse en formas racionales y ordenadas que eran dictadas por el reciente descubrimiento científico de resolución de problemas. A principios del siglo XIX, los médicos hacían sus primeras experiencias en la determinación y evaluación de las capacidades –físicas y mentales– de niños con retraso en el aprendizaje con el propósito de que fueran enviados a hogares para niños con retrasos mentales; por otra parte, algunos maestros europeos formulaban sistemas para el mejoramiento de los esfuerzos de comunicación de sordos y para los comportamientos intelectuales de niños menos dotados.

Un escrutinio cuidadoso de la literatura de siglos pasados también revela los intentos efectuados para hermanar la actividad física y la tarea intelectual. En la Antigüedad el ideal griego de la unidad mente-cuerpo se manifestó en el arte y en la literatura; las estatuas griegas se distinguían por sus caras inteligentes y aguda mirada, coronando torsos de músculos bien desarrollados. Se dice que Platón afirmaba: "Al enseñar a los niños pequeños ayúdate con algún juego y verás con mayor claridad las tendencias naturales en cada uno de ellos".

Los humanistas posteriores también incorporaron actividades de movimiento a los programas educacionales que acogían. Con ello esperaban preservar en el niño su inclinación natural por la exploración y el movimiento, mientras que los confrontaban con el contenido académico. El escritor francés Fénelon, muerto en 1715, ya observaba que algunos niños eran capaces de aprender a leer mientras jugaban. La íntima asociación entre la mente y el cuerpo infantil, por la que abogaban Rousseau, Froebel, y otros, años más tarde, es bien conocida por los estudiantes de filosofía educacional.

Hacia fines de 1800, los primeros psicólogos experimentales en Inglaterra, los Estados Unidos y Alemania, también investigaron las relaciones entre las funciones físicas e intelectuales. Puesto que algunos de los primeros experimentos psicológicos de Wilhelm Wundt en Leipzig comprendían pruebas simples del funcionamiento sensorio-motor, y pruebas de tiempo de reacción, secuencia visual y exactitud del "sentido muscular", pareció lógico a alguno de sus colegas, tanto como a J. McKeen Catell en Norteamérica y a Sir Francis Galton en Inglaterra, determinar si estas medidas básicas podían, en algún grado, prever las llamadas funciones superiores del intelecto. A su ayuda acudieron con investigaciones Karl Pearson, un joven alumno de Galton, y otros que empezaron a desarrollar y a refinar herramientas estadísticas básicas, incluyendo los conceptos que están por abajo del promedio, estadísticas de distribución y coeficientes correlativos. Al observar la manifiesta falta de coordinación motriz en muchos niños con retraso en el aprendizaje, los primeros psicólogos experimentales buscaban determinar si las medidas motrices y sensoriales básicas eran capaces de predecir el grado de capacidad académica y cognoscitiva que poseían los individuos en diferentes puntos a lo largo de la escala de la inteligencia.

No obstante, al comparar cuidadosamente la forma en que las pruebas básicas de funcionamiento sensorio-motor jerarquizaron al individuo, desde el más hasta el menos capaz, en la forma en que las pruebas de comprensión verbal, de resolución de problemas y medidas similares jerarquizaron a estos mismos individuos, se llegó a la conclusión de que no existía siquiera una interrelación moderada entre ellas. Así, a pesar del hecho evidente de que la persona severamente afectada con dificultades cognitivas manifiesta inevitablemente problemas motores notables, los niños de inteligencia por debajo de lo normal, promedio, o superior reflejaban una amplia gama de atributos de movimientos básicos al hacer simples pruebas de laboratorio cuyo objeto era mostrar la calidad de sus facultades sensoriales y motrices.

Al cambiar el siglo, Alfred Binet introdujo el concepto de niveles mentales y comenzó a demostrar que si se desea discriminar entre el funcionamiento intelectual de los niños de diversas edades, o entre escolares con retraso en el aprendizaje y escolares sin dificultades, las únicas ayudas útiles eran conjuntos de pruebas que dieran una muestra de vocabulario, comprensión verbal, capacidad para la resolución de problemas, y de operaciones cuantitativas.

En el transcurso de estos mismos años varios educadores seguían insistiendo en la creencia de que si se pone a un niño en acción se pueden obtener ventajas educacionales y de que ciertas pruebas de desempeño podrían por lo menos predecir, en parte, el funcionamiento infantil en ciertas situaciones vitales. Por eso, las pruebas de C.I. estandarizadas se ampliaron de tal manera que incluyeran temas de "desempeño" con el fin de extraer ciertas cualidades perceptuales y motrices. Stanley Porteus, de Australia, laboriosamente construyó una prueba de laberinto escrita que creía no aplicable solamente a culturas primitivas como comprobación de su resistencia, sino también útil para determinar las capacidades prácticas de niños con retraso en el aprendizaje y el grado de integración que podrían encontrar en situaciones de adiestramiento vocacional.

Las estrategias educacionales, al ir incorporando experiencias básicas sensoriales y motrices, a veces iban a la par y otras por separado, y fueron motivo de exploración para pioneros como Itard y su joven discípulo Sequin que trabajaban con niños con retraso en el aprendizaje en Francia, mientras que en la primera parte del siglo XX, en Roma, María Montessori desarrollaba un sistema más codificado de educación para el niño culturalmente privado y que empleaba experiencias de movimiento. La mayor parte de las actividades de Montessori comprendían la manipulación de materiales y conceptos que se volvían concretos a través de su exposición a los diferentes sentidos. Varias de las tácticas que empleaban implicaban el uso de todo el cuerpo en acciones que requerían el empleo de los grupos de músculos mayores. Por ejemplo, ella creía que el desarrollo de las capacidades de equilibrio en niños pequeños era importante, y aun hoy en los programas Montessori "más puros" podemos ver a los niños de dos y tres años caminar sobre una línea al compás de la música sosteniendo cuidadosamente largas copas de champán llenas de agua.

La doctora Montessori también estaba a favor de los juegos de contenido académico para todos los niños, incluso para aquéllos con necesidades especiales. El juego de la "cesta de huevos" tuvo mucha popularidad en algunas de las primeras escuelas Montessori. Consistía en hacer que doce niños se colocaran en el centro de una habitación "como una docena de huevos" y se les pedía dividirse en dos grupos de igual número, contarse a sí mismos y luego contestar: "¿Cuántos huevos hay en media docena?". El juego continuaba con la subdivisión de los grupos y en la respuesta del número de niños que resultaban de cada división.

Aunque la incidencia de estas felices experiencias académicas pareció disminuir en las escuelas al continuar las primeras décadas del siglo XX, los escritos de Strauss y Lehtinen poco después de la Segunda Guerra Mundial volvieron a provocar interés por los componentes motores de la personalidad humana. Estos investigadores clínicos señalaron que existe un número considerable de niños que asisten a escuelas comunes pero que son inadecuados perceptualmente, a menudo demasiado activos y en muchos casos manifiestan problemas de coordinación motriz. Más aún, ambos investigadores proponían remedios a través de métodos que pretendían mejorar la competencia académica general de los niños que ellos designaban como "lesionados cerebralmente".

A partir del final de la década de 1950 hasta el presente, las descripciones de los varios programas de movimiento han sido el tema de una gran cantidad de libros y revistas especializadas, y han atraído la atención de numerosos padres y educadores en todo el mundo.

En general, las teorías que relacionan el movimiento con el esfuerzo intelectual podrían clasificarse de acuerdo con la naturaleza de sus postulados teóricos dentro de las siguientes cuatro categorías. Algunos se han abocado a lo que podría denominarse un *enfoque perceptual motor* para desarrollar las capacidades humanas a través de un contacto con actividades de movimiento. Autores como Getman y Newell Kephart, al notar la forma en que los niños parecen explorar sus mundos directamente, sugieren que las actividades motrices son imperativas para desarrollar las capacidades perceptuales, base de todo aprendizaje, incluyendo tareas académicas que requieren niveles superiores de funcionamiento intelectual. Así como es de esperarse sus programas abogan por el empleo exhaustivo de actividades de movimiento, a veces hermanadas con la exploración visual que realizan, a su entender la coincidencia perceptual que el niño tiene de su mundo y conducen a un funcionamiento más exitoso de una gran cantidad de tareas.

Otros, especialmente el grupo Doman-Delacato en Filadelfia, han propuesto un modo que nos recuerda una de las teorías de recapitulación de los filósofos del siglo XVI y XVII. Esencialmente sostienen que el niño pasa por etapas de desarrollo que igualan notablemente a aquéllas por las que pasa el ser humano desde sus más tempranos comienzos como animal acuático. Estos autores afirman que los reflejos de contorsión observables en el bebé humano son similares a las contorsiones del pez, y que los intentos posteriores de locomoción y manipulación del niño en desarrollo son semejantes a los mismos esfuerzos de anfibios mamíferos y primates. Como resultado de esta clase de especulación el programa motor que ellos propugnan contiene varias actividades teóricas de movimiento que se parecen a los intentos de los animales por moverse en el espacio, como gatear, arrastrarse, etc. El grupo Doman-Delacato sugiere que, mediante la exposición a estas y similares actividades, puede darse algún tipo de ajuste en la *organización neurológica* del niño, y que una gran variedad de capacidades e incapacidades que reflejan un funcionamiento intelectual y perceptual puede modificarse de manera positiva.

Otros se han identificado con lo que podría denominarse un enfoque dinámico para explicar cómo las actividades motrices cambian positivamente otras facetas de la personalidad infantil en crecimiento. Las investigaciones de James Oliver en Inglaterra y de Ernest Kiphard en Alemania aportaron datos que dicen que una mejoría en el concepto infantil de sí mismo, lograda por las experiencias agradables y victoriosas en las actividades físicas, puede traer como resultado un mayor esfuerzo, en tareas de funcionamiento intelectual y motor. Por eso se piensa que existe un factor intermedio –el ego o el sí mismo– importante entre el desempeño de tareas de movimiento y una posterior mejoría intelectual manifiesta, que de ser reforzado habrá de reflejarse en una personalidad más integrada, más estable, más capaz de enfrentar tareas en el aula y en el campo de juegos. Los que están interesados en ayudar a los niños afectados en su motricidad han sugerido enfáticamente que esta "teoría dinámica" es lo bastante viable para apoyar en ella sus esfuerzos.

Existe un cuarto enfoque que trata de mejorar el desempeño intelectual con actividades de movimiento, basado en lo que podría denominarse *modelos cognoscitivos*. En términos generales, la teoría sugiere que para expandir o desarrollar las funciones intelectuales y las operaciones académicas con la ayuda de experiencias de movimiento se deben armonizar con precisión las actividades con las cualidades intelectuales que se pretenden cambiar. Las tareas motrices aplicadas y aceptadas con negligencia no parecen transformar el funcionamiento motor. Por el contrario, los que defienden esta teoría piensan que es imperioso incorporar de manera específica en los programas de movimiento las varias clases de tareas perceptuales cognoscitivas y académicas que se desea cambiar. Entre los que proponen dicho modelo general están Jean Le Boulch, Louis Picq y Pierre Vayer en Francia; y James Humphrey y Muska Mosston en Estados Unidos. El último enfoque es el que apoya el material contenido en el presente texto.

¿Por qué funciona el movimiento?

Las actividades de movimiento pueden afectar la eficiencia de los niños en tareas que requieren pensamiento y capacidades perceptuales, por ciertas razones.

1. Las actividades motrices, por lo regular, exigen atención concentrada de alguna figura adulta interesada. Frecuentemente, este "efecto de atención" por sí solo es suficiente para estimular al niño a desempeñar mejor una

variedad de tareas a las que se verá expuesto posteriormente. Algunas de las "historias felices" que surgen del programa Doman-Delacato pueden atribuirse al hecho de que la familia recibe alguna forma de ayuda para trabajar con uno de sus miembros y que éste, al recibir atención extra y prolongada, tal vez florezca.

Los experimentadores, al diseñar los estudios de investigación que pretendían explorar los efectos de un programa de actividad, tuvieron que incluir un grupo de sujetos a quienes se les daba exclusivamente atención especial con el propósito de que sus hallazgos se consideraran válidos, pudiendo así separar estos afectos de los factores intrínsecos al programa que estaba en funcionamiento.

2. Los programas de adiestramiento motor alejan a los niños de actividades escolares onerosas en las que quizás están fallando; las prácticas espaciadas en los primeros enfoques permiten que algunas de sus inhibiciones en las tareas se disipen. Las investigaciones indican que la práctica espaciada de ejercicios verbales tiene un efecto benéfico sobre niveles de desempeño logrados. Por eso, aplicarlo a la lectura equivale a sustituirla por adiestramiento motor dos o tres veces por semana.

Es evidente que las dos razones destacadas anteriormente son beneficios indirectos y se encuentran dentro de cualquier tipo de programa especial de enriquecimiento, ya sea que se hayan incluido o no actividades motrices como parte intrínseca. Más específicamente, se han observado (y medido) los siguientes factores para ayudar al adelanto académico cuando los niños están en contacto con experiencias de movimiento en las que el contenido académico es parte integral.

1. Los juegos son divertidos. La práctica motivadora, en sustitución de ejercicios escolares opresivos, propicia un mejor aprendizaje, ya que en los programas académicos los niños se encuentran pasivos.

2. Un enfoque activo para adquirir capacidad académica muchas veces proporciona una armonía natural entre el contenido del programa y las necesidades de actividad de algunos niños.

Los estudios de recién nacidos reflejan vastas diferencias inherentes a nivel de actividad. Estas mismas se observan en niños de edad preescolar e incluso se reflejan en su comportamiento, selección de ocupación, y medidas similares posteriores en su vida. Un investigador opina que la gente podría dividirse en dos categorías: los "reductores", que tienen necesidades de gran actividad, con tendencia a ser menos perceptivos, y los "expansores", que tienden a ser sensibles al dolor y a la estimulación cinética y visual. De los últimos podría esperarse una adaptación positiva a una atmósfera pasiva en el aula, mientras que de los primeros no podría esperarse lo mismo. Finalmente, estudios en Escandinavia han demostrado que concentrar a los niños con mayor destreza física en períodos prolongados de estudio y examen dentro del aula los incapacita para desempeñarse académicamente al final del día escolar, en comparación con los niños que poseen menos aptitudes y más bajos requerimientos de actividad.

3. Cuando todo el cuerpo está en acción, participando en juegos que miden capacidades académicas o intelectuales, es difícil atender a condiciones o estímulos externos. Saltar en cuadrículas con letras, contando en voz alta mientras se hace y mirando las letras al mismo tiempo reduce la preocupación infantil por otras cosas.

Hay numerosas investigaciones que atestiguan la importancia de la calidad de la atención a las tareas, en contraste con simples pruebas de práctica en el desarrollo del aprendizaje y el desempeño. Las actividades físicas en las que el niño debe concentrarse totalmente parecen propiciar ese tipo de atención cualitativa a la tarea dada.

4. En algunas de nuestras grandes ciudades existen estudios de niños que indican que aun cuando los valores infantiles incluyen un interés bastante elevado por la actividad física y las capacidades verbales, hay menos preocupación por algunas fases del aprendizaje académico, incluyendo la lectura. De hecho, en uno de esos estudios se averiguó que algunos alumnos no estaban enterados, ni les importaba, si sus amigos sabían o no leer. Al utilizar juegos activos, como metodología para el aprendizaje, se pueden unir una actividad agradable y valiosa con otra que no se estime tanto, pero que ofrezca mayor placer a la práctica de una habilidad académica.

5. Las estrategias cognoscitivas que emplean algunos niños y jóvenes de las "grandes ciudades" nos muestran, a través de su estudio, que a menudo se sienten más cómodos en situaciones concretas que en otras que parecen encontrarse en un terreno abstracto. Las actividades de movimiento proporcionan actos concretos a la experiencia, observación y reflexión. Además, esos patrones de respuesta concretos y evidentes se pueden incorporar fácilmente a las filosofías de la educación donde lo que se conoce como "objetivos de comportamiento medibles" desempeñan una parte importante.

6. Las actividades de movimiento que reflejan actividad mental, al aparejarse con tareas académicas de varias clases, proporcionan al maestro una evidencia observable de la *calidad* de los procesos del pensamiento infantil. Las operaciones intelectuales sutiles que ocurren mientras el niño está sentado a un escritorio no se observan ni se identifican, ni modifican, ni evalúan fácilmente.

Para sintetizar, tal parece que existen muchas razones profundas para afirmar que un enfoque más activo podría acrecentar el aprendizaje infantil. Sin embargo, no podemos decir que en esencia *todos* los niños necesitan entrar en acción para aprender mejor. Porque existe amplia evidencia de que en ciertos momentos el silencio y la contemplación relativamente inmóvil es deseable, y en muchas circunstancias este hecho es verificable por parte de niños, jóvenes y adultos. En cambio, tenemos pruebas consistentes que nos indican que *algunos* niños podrían llegar a beneficiarse si la perspectiva de expansión no va únicamente dirigida al contenido del programa de estudios sino también al énfasis con que se presente.

¿Y después qué?

Los textos anteriores de James Humphrey, los del autor del presente libro, y de otros, presentaron en términos muy operacionales cómo es que ciertos juegos específicos podrían acelerar el aprendizaje de la lectura y la competencia necesaria antes de adquirir la capacidad de la misma, de las operaciones matemáticas, de las funciones del lenguaje y de los conceptos de ciencia. Existe poca información que indique cómo pueden implementarse prudentemente tareas activas en las que los grandes músculos del cuerpo estén involucrados.

El capítulo que sigue amplía y profundiza la exposición de la forma en que las actividades motrices vigorosas reflejan y estimulan ciertas capacidades y operaciones intelectuales. Aunque no se hace ningún intento de explorar en detalle los modelos cognoscitivos que desarrollaron durante los últimos 30 años Piaget, Guilford, Gagné y otros, sus investigaciones influyeron grandemente en el contenido de este libro.

El propósito de este texto es presentar a los maestros ejemplos prácticos de cómo estimular las capacidades intelectuales del niño mediante varios tipos de problemas de movimiento, incluyendo la vía tradicional de los juegos infantiles. A pesar de que los niños de las sociedades modernas parecen tender a involucrarse en juegos que requieren cada vez más un alto nivel de actividad mental, sobre todo en los años recientes, sus cuerpos siguen teniendo la necesidad de vivir experiencias de movimiento para funcionar bien. Es de esperarse que los maestros creativos amplíen los ejemplos de las actividades que se presentan en las próximas páginas, y que al mismo tiempo las ideas resulten fáciles de verificación o rechazo para los investigadores que pudieran quedar "atrapados" dentro de estos juegos potencialmente útiles y fascinantes para estimular y educar a jóvenes y niños.

El material que citamos a continuación está dividido en varias secciones que corresponden, grosso modo, a categorías intelectuales conocidas. El capítulo 2 presenta actividades que aumentan o por lo menos estimulan capacidades selectas de la memoria, es decir, las tareas que implican la memoria a corto y a largo plazo, tanto de información visual como auditiva.

El capítulo 3 habla del trabajo que comprende la capacidad del niño para categorizar. Actividades en las que los movimientos pueden categorizarse, además de juegos activos que estimulan al niño a categorizar información visual y auditiva. Estas capacidades cada vez más precisas, según muchos observadores, son una de las primeras formas en las que se manifiesta una inteligencia adecuada.

El capítulo 4 está dedicado a actividades que armonizan con la práctica de la comunicación del lenguaje: desarrollo del discurso, lectura, comprensión.

El capítulo 5 expone juegos de movimiento que comprenden procesos evaluativos. En algunos se pide al niño evaluarse a sí mismo, en otros determinar los esfuerzos cualitativos o cuantitativos de sus compañeros; otros más manejan la capacidad infantil para percibir diferencias individuales entre grupos de niños o en grupos donde tal vez él está incluido.

El capítulo 6 presenta actividades que reflejan varios tipos de comportamiento en la resolución de problemas. También tareas que reflejan pensamientos convergentes y divergentes, junto con otras que exigen de la capacidad para analizar y sintetizar situaciones complejas. Además de situaciones que requieren que el niño perciba la forma en que las partes constitutivas pueden invertirse.

El capítulo 7 analiza los componentes intelectuales de un popular juego infantil. El capítulo 8 indica una síntesis de los anteriores, con guías para incorporar esta clase de programas y juegos a todo el programa escolar.

Al revisar el material es evidente que hay pocas tareas que exijan un comportamiento intelectual "puro", en su mayoría requieren de varios procesos simultáneos o en secuencia para llegar a la resolución adecuada.

Ya que los estudiosos que se dedican a investigar la cognición y el comportamiento intelectual emplean los mismos términos para diferentes procesos, o diferentes términos para los mismos procesos, se ha tenido cuidado en organizar para el lector cuáles son las capacidades que contribuyen al desempeño de una tarea.

Para ese fin los juegos presentan previa introducción de la naturaleza de la capacidad que se está considerando: primero se establece el objetivo, ¿cuáles son las cualidades y procesos intelectuales que pretende ampliar o desarrollar la actividad? Segundo, se apuntan los requerimientos: número y edades de los participantes, el material necesario, etc. Tercero, se da una descripción del juego con un "guión" que el maestro puede seguir y que incluye las respuestas esperadas de los niños (verbales o motrices). Finalmente, se sugieren modificaciones de la actividad para satisfacer las demandas infantiles más complejas u ofrecer mayor variedad.

La finalidad del texto no es ofrecer un programa milagroso para todos los niños, ya sean brillantes, promedio, o sub-promedio; más bien espero que todo lo que en éste se incluye y sugiere estimule la investigación de los maestros sensibles. Si se aplica con entusiasmo y comprensión, la lectura de estas líneas retribuirá grandemente a los participantes del programa. Los niños tienen mucho que ganar con actividades que son física y mentalmente vigorizantes.

Capítulo 2

Memorización

La mayoría de los investigadores académicos considera la memorización como una de las operaciones intelectuales básicas. La especulación acerca de las muchas ramificaciones de la memoria humana tiene un antecedente histórico interesante. Los antiguos griegos utilizaban varios tipos de recursos para ayudar a la memoria que todavía encontramos en programas contemporáneos. Los oradores griegos, por ejemplo, a menudo ligaban algunas partes de sus discursos con puntos de referencia espacial (tales como las habitaciones de un templo), y conforme daban su discurso "viajaban mentalmente" por las habitaciones, sobre cuyas paredes se imaginaban escritas sus propias palabras.

Existen muchos aspectos del estudio de la memoria que atraen el interés de los investigadores. El orden en el cual un material presentado en serie se aprende es un fenómeno de aprendizaje continuamente investigado; en los tiempos más recientes, la tendencia del individuo a agrupar grandes cantidades de material para que se asimile de manera más fácil ha sido tema de varios esfuerzos de investigación.

También se ha estudiado la memoria dentro de distintas dimensiones de tiempo. Por ejemplo, los investigadores de funciones humanas, y otros que se han sorprendido con la similitud entre la mente humana y las computadoras, sugieren que la información a memorizar puede "guardarse" en el almacén de la memoria a corto, mediano y largo plazo individual. Una segunda dimensión temporal dentro de los estudios de la memoria comprende los procesos importantes que ocurren en el ensayo mental y el cómo se puede traducir un material presentado en formas que logren su retención durante un intervalo razonablemente largo.

Varios programas de educación por movimiento, así como muchas pruebas que intentan evaluar la imagen y el concepto corporal del niño, requieren la imitación de movimientos o ademanes de un instructor u otro niño. Los juegos que presentamos a continuación son un ejemplo de algunas de estas actividades.

Memoria serial a corto plazo e imitación

Un número de programas, incluyendo uno que yo mismo he investigado, contiene tareas que realzan la memoria a corto plazo a través de la imitación de algunos movimientos presentados en secuencia. Estas tareas exigen que el niño reaccione en una o varias formas.

1. Repetir, con los ojos vendados, en correcta secuencia un número de ademanes, comenzando por dos, después de haber estudiado visualmente los movimientos.

2. Reproducir dos o más ademanes en el orden correcto sin cubrirse los ojos después de observar su ejecución.

3. Reproducir una serie de posiciones corporales presentadas en tarjetas.

4. Recortar y repetir una serie de movimientos a través de un laberinto de cajas u objetos similares.

5. Recordar y repetir, en el mismo orden, una serie de movimientos corporales realizados dentro de figuras geométricas pintadas sobre el suelo. (La reproducción puede hacerse con

instrucciones verbales o por la repetición de los movimientos observados cuidadosamente.)

6. Recordar y reproducir una serie de "lugares" en los que un niño haya estado previamente.

Otras dimensiones que se han sugerido para este tipo de tarea de memoria social a corto plazo incluyen una demora entre el momento en que se realiza una serie de movimientos y el momento en que el niño que observa tiene que imitarlos.

Dos preguntas relacionadas a lo anterior son fundamentales para la evaluación de estos programas, diseñados expresamente para estimular la capacidad de la memoria serial: a) ¿Cuán general o específica es la memoria serial? y b) ¿Puede la práctica de tareas que implican memoria serial de movimientos estimular la capacidad del niño para recordar una secuencia de otro tipo de estímulos? (palabras, letras, información verbal, etcétera).

Los resultados de un estudio piloto con niños del primer ciclo y comienzos del segundo indican que existe una correlación positiva en menor o mayor grado entre las tareas mismas (de memoria serial), lo que equivaldría a decir que hasta cierto punto la capacidad de memoria serial deriva en una cierta calidad de memoria general. Es posible que las mismas tareas realizadas por niños mayores y adultos (aunque comprendieran diferentes modos de presentación) no manifestaran la misma relación.

Con el intento de responder a la segunda pregunta, se puso a prueba a los mismos sujetos para determinar cuán fácilmente retendrían una serie de números dados verbalmente y si repetirían en el orden correcto una serie de imágenes presentadas visualmente. Después de ponerlos en contacto con una secuencia de juegos de memoria de imitación del movimiento, el grupo experimental mostró adelanto en las tareas de memoria serial que incluían el ordenamiento de palabras en una serie, y fueron capaces de recordar tanto el orden de los números presentados auditivamente como el orden de las imágenes de animales presentados. Aunque es necesario realizar investigaciones adicionales sobre este tema, los resultados del estudio fueron muy alentadores.

Las tareas que enfatizan la memoria serial de movimientos son potencialmente útiles para los educadores y para los niños, ya que la calidad de la capacidad infantil para memorizar se manifiesta a nivel inmediato. Más aún, la información de otras fuentes dice que las medidas de la memoria serial están relacionadas con las medidas de la atención y a los resultados obtenidos de pruebas que sirven para determinar lo que se llama "lapso perceptual" (capacidad para recordar la naturaleza de un grupo de estímulos presentados ágilmente).

Nuestras observaciones de niños ocupados en tareas de memoria serial nos permiten afirmar que su atención es buena y que los juegos son muy motivadores. Los incluidos en nuestro programa, por ejemplo, suelen pedirnos juegos adicionales después de la lección: prolongar su participación se vuelve una especie de recompensa por sus esfuerzos previos en las mismas tareas.

Memoria a largo plazo, semántica y símbolos

Otros experimentos de movimientos que realzan la capacidad infantil para recordar durante un período de tiempo extenso, formas de las letras, figuras geométricas, palabras y contenido simbólico y semántico están comprendidos en mi libro, *Juegos para el desarrollo del aprendizaje*.

Dichos juegos se han aplicado diversamente a niños de todas las edades y distintos grados de capacidad intelectual. Además, algunos maestros muy creativos partieron de esas bases y ayudaron a traducir el sonido de las palabras según su forma y viceversa.

¿También tú?

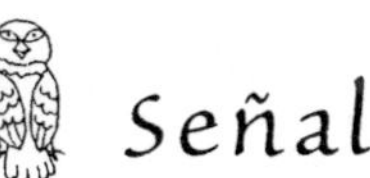

Señales

Participantes:
de dos a veinte niños de 5 a 10 años.

Objetivo: Estimular la memoria serial a corto plazo con estímulos visuales.

Desarrollo: Un niño hace un ademán utilizando sus brazos con el cuerpo estático, por ejemplo, levanta el brazo derecho. Los otros niños intentan repetir el gesto.

En seguida, el ejecutante realiza un segundo ademán, por ejemplo, coloca su mano sobre la cadera. Una vez más el observador lo imita.

Ahora el maestro dice: "Continuaremos agregando más ademanes de esta naturaleza hasta que comiencen a tener dificultad para recordar cada uno".

Preguntas a los niños: ¿Cómo pueden recordar tres o más ademanes en serie?

Respuestas esperadas: "Repitiéndolos mentalmente", o quizás, "Imaginándonos a nosotros mismos haciéndolos", o quizás "Imaginando que otro niño lo está haciendo". Esto podría llevar a una discusión sobre cómo cada uno aprende y recuerda de distinto modo, y cómo algunas imágenes estimulan la memoria a corto plazo y quedan depositadas como material a corto plazo dentro de nuestro almacén de memoria a largo plazo.

Ahora el maestro pregunta: "¿Vale la pena recordar toda la información que recibimos?" "¿Cómo podemos decidir qué cosas recordar y por cuánto tiempo?".

Variantes: Después de imitar tres o más movimientos, hacer que los niños los realicen con los ojos cerrados.

Los ademanes pueden agregarse en secuencias, hasta seis, siete u ocho. Los movimientos de brazos y piernas pueden alternarse con movimientos de todo el cuerpo.

Las posiciones estáticas pueden alternarse con movimientos de las extremidades o de todo el cuerpo.

Para mayor práctica en la capacidad de repasar mentalmente movimientos o posiciones seriadas es necesario que los niños hagan una pausa de 10 a 60 segundos antes de intentar imitar los movimientos demostrados.

VISITAS

Señales

Participantes:
De dos a veinte niños, con edad mental de 4 a 5 años.

Objetivo: Estimular la memoria serial a corto plazo con estímulos visuales y auditivos.

Materiales: Figuras pegadas en el piso, como en la ilustración, o pintadas sobre asfalto o cemento.

Desarrollo: Se pide a un niño que vaya a una o más figuras, regresando al punto de partida entre cada "visita".

Los observadores deben ahora recordar el orden en que cada figura fue visitada, y demostrar esta retención visitándolas en el mismo orden.

Puede introducirse mayor dificultad aumentando el número de visitas a recordar. Los niños se turnan siendo observadores y demostradores.

Variantes: Un niño observador dirá a uno no observador cuáles figuras visitó el demostrador.

El niño demostrador puede volver a visitar la misma figura, pero de distintas formas, por ejemplo, saltando, corriendo, caminando.

El observador deberá ejecutar los mismos movimientos para llegar a las figuras y en el mismo orden.

Objetos tridimensionales tales como neumáticos, cajas, etc., pueden sustituirse por algunas o todas las figuras que muestra la ilustración.

Recuerda los movimientos

Señales

Participantes:
Tres o más niños, de 3 años en adelante.

Objetivo: Estimular la memoria serial a corto plazo para recordar estímulos visuales, y el orden en que fueron presentados.
Materiales: Figuras dispuestas en semicírculo, o cajas, neumáticos, túneles, etc., colocados a poca distancia unos de otros.
Desarrollo: Un niño ejecutante realiza un movimiento diferente dentro de cada figura siguiendo un orden y comenzando con sólo dos movimientos. El observador intentará repetir los movimientos en el mismo orden, y sobre las mismas figuras.
Ahora se aumenta el número de movimientos consecutivos para que intenten repetirlos en el mismo orden.
Variantes: Al ejecutante se le pide que repita sus propios movimientos en el orden correcto.
Que haga una "especie de pelota" dentro de cada figura –que la haga rebotar, rodar, etc.–, a los observadores se les pide que realicen lo mismo.
Los intervalos de espera pueden ir prolongándose cada vez más entre el tiempo en que se demuestra la serie y el tiempo en que los observadores tienen que reaccionar.
El observador, entonces, intentará describir verbalmente las acciones a un tercero que no debe ver la demostración.

¿Dónde y qué?

Señales

Participantes:
Niños de 3 años en adelante, dependiendo de su capacidad intelectual.

Objetivo: Incrementar la memoria visual a corto plazo con movimientos y ubicaciones espaciales; la capacidad para integrar auditivamente una secuencia de palabras y relacionarla con acciones.
Materiales: Figuras como la del juego "Visitas".
Desarrollo: Un niño ejecuta un movimiento dentro de dos o más figuras, *sin seguir ningún orden específico*; los observadores deberán realizar los mismos movimientos dentro de las mismas figuras.
Variantes: El "anotador" está encargado de apuntar los movimientos y/o las ubicaciones espaciales para facilitar el problema de la memorización.
Un ejecutante hará "alguna acción con una pelota" o un movimiento que vaya de izquierda a derecha en cada una de las figuras.
El observador deberá informar a un tercero, que no observa, qué acciones se llevan a cabo y dónde.

¿Cómo saltamos?

Señales

Participantes:
Niños de 2 a 3 años y mayores.

Objetivo: Desarrollar la memoria visual a corto plazo en una serie de movimientos.

Materiales: Una cuerda de aproximadamente 3 metros de longitud.

Desarrollo: Mientras dos niños sostienen la cuerda inmóvil formando un ángulo o columpiándola, el demostrador deberá hacer dos, tres o más movimientos seriados pasando sobre la cuerda.

Los observadores deben repetir la serie correctamente.

Variantes: También se coloca la cuerda irregularmente sobre el suelo y la serie de movimientos se lleva a cabo a lo largo y sobre las curvas que forme, igual que en la ilustración.

En lugar de una cuerda podría emplearse un aro o varios y saltar dentro o pasar a través de ellos mientras lo sostienen vertical u horizontalmente, etcétera.

Nuevamente se dará la descripción verbal de la serie a todos los niños que no observaron la demostración.

Un curso combinado se compone de cuerdas, aros, etc., y los niños deben recordar toda la serie de movimientos realizados sobre, debajo y entre los objetos empleados.

Alrededor de los "árboles"

Señales

Participantes: Niños (o árboles reales).

Objetivo: Expandir la memoria serial a corto plazo, con movimientos y ubicación espacial, etcétera.
Material: Pizarra.
Desarrollo: Niños de 3 a 8 años se colocarán en varios puntos del espacio que se está utilizando como si fueran árboles con los brazos extendidos semejando ramas. Si se cuenta con árboles verdaderos no es necesaria su sustitución.
Un "indio piel roja" hace un camino que lo llevará rodear cada uno de los "árboles".
Los observadores "rastrearán" sus huellas intentando repetir el recorrido con exactitud.
Se aumentarán los "árboles" hasta más de ocho si se quiere acrecentar el grado de dificultad.
Variantes: En una pizarra, el observador dibuja la ubicación de los "árboles" y con una línea sigue el recorrido del "indio" marcando los lugares por donde pasó.
El indio visita el mismo árbol varias veces, si lo desea.
También puede conducir de la mano a otro indio, con los ojos vendados, a lo largo del camino "arbolado" y una vez liberado de la venda tratará de dibujar el camino que recorrió entre los árboles o lo marcará caminando.
Los niños que hagan de indios tendrán la libertad de decidir cómo hacer su recorrido: caminando, corriendo, saltando, o mixto. Los observadores repetirán con la mayor precisión posible el recorrido y la forma en que se realizó.

Recuerda las letras

Señales

Participantes: Niños a partir de los 5 años.

Objetivo: Desarrollar la memoria a largo plazo con las formas de las letras, sus sonidos y características.
Materiales: Espejo, pelota, cuerda, pizarra.
Desarrollo: Se pone la letra en la pizarra, minúscula o mayúscula. Los observadores usarán el material de que se disponga (pelotas, cuerdas, incluyendo sus cuerpos) para tratar de imitar la forma de la letra.
El movimiento podrá hacerse frente al espejo para rectificarlo. La forma de la letra también incluye movimientos que semejen su diseño o el estatismo para imitar su inmovilidad. Las pelotas y las cuerdas sirven para hacer el travesaño de la T, o el punto de la i.
Los observadores reconocerán la letra porque, además, el demostrador la pronuncia y los hace repetir el sonido.
Variantes: Las letras se formarán en un plano vertical u horizontal, acostados sobre el piso o de pie. Para su diseño tendrán la posibilidad de emplear el tronco del cuerpo y los miembros, o los miembros y los dedos.

Primero hará el intento frente a un espejo formando todas las letras del alfabeto en orden.
Posteriormente se pronuncia la letra y luego se ejecuta. Más de un tipo de letra por sonido es posible. Se pueden ir introduciendo combinaciones de letras para formar palabras con varios niños.
Para concentrar más las prácticas se dividen las letras de acuerdo con su forma: curvas como S, C, O; combinadas (curvas y rectas): Q, G, B, P, R, etc., y (exclusivamente rectas): K, L, I, T, Y, etc. (Cabe plantear si la U es una letra curva o combinada).

RECUERDA LOS OBSTÁCULOS

Señales

Participantes: Niños de 5 años en adelante; con niños con retraso en el aprendizaje se empieza a los 7 años.

Objetivo: Mejorar la memoria serial a corto plazo, memoria visual.
Materiales: Llantas, cuerdas, pelotas, cajas, mesas, sillas, y otros objetos que integran un camino de obstáculos tridimensionales.
Desarrollo: Los objetos se colocarán en línea o en semicírculo, un niño debe salvar dos o tres obstáculos de acuerdo con un orden dado. Los observadores tienen que recordar qué obstáculos fueron superados y realizar movimientos semejantes a los del demostrador en cada uno de ellos.
Variantes: Los movimientos se limitan a cualquier acción "alrededor", "sobre", "dentro", "a derecha", o "a izquierda" de los obstáculos, etc. El juego se vuelve más difícil añadiendo más objetos y utilizándolos fuera del orden espacial o pidiendo a un nuevo observador que describa a un "no observador" las ejecuciones del demostrador.
Los niños pueden discutir las diferencias entre los tipos de movimientos realizados para salvar los obstáculos.
Es válido usar una pelota con uno o todos los obstáculos.

SOBRE, DEBAJO, DETRÁS

Señales

Participantes: Tres niños o más, de 5 años en adelante.

Objetivos: Desarrollar la capacidad de recordar ubicaciones; conceptualizar dimensiones espaciales en movimiento y personas en relación a las cosas; adquirir y transferir conceptos espaciales.
Materiales: Una silla o una mesita, una caja de madera grande, etcétera.
Desarrollo: Se pide a uno de los niños que emplee únicamente uno de los objetos y ejecute dos o más acciones utilizando todo su cuerpo en relación al objeto. Por ejemplo: ponerse debajo, pararse encima, etcétera.
Los observadores deben repetir lo mismo, en igual orden, y en relación con el mismo objeto.
Variantes: Inicialmente los niños habrán usado los objetos de distintas maneras y antes de estar listos para imitar las acciones del demostrador.

Los "objetos de movimiento" pueden alternarse con "objetos rodantes", también es posible ejecutar movimientos de derecha en oposición a movimientos de izquierda.
Los observadores podrán escribir lo que vieron y leerlo a los no observadores.
Los lapsos entre la demostración y la oportunidad para dar la réplica pueden irse prolongando.
Se pedirá al observador que explique verbalmente lo que está haciendo conforme lo hace.
Ahora se hace la transferencia a los conceptos: sobre, debajo, o encima de, pidiendo al observador que repita los mismos movimientos pero transferidos a otros objetos y conservando idéntico orden.
También se puede pedir al observador que dibuje los conceptos espaciales en la pizarra en vez de actuarlos.

Actividades con pelota

***Participantes:* Niños de 4 años en adelante.**

Objetivo: Mejorar la habilidad con la pelota; memoria serial a corto plazo y memoria visual.
Materiales: Pelotas de diversos tamaños.
Desarrollo: El primer niño hará varias acciones con una pelota: rebotarla cierto número de veces, lanzarla al aire y recibirla, rodarla, etcétera.
Los observadores repetirán los movimientos siguiendo el mismo orden y usando su propia pelota, al mismo tiempo o individualmente.
Variantes: El participante tiene permiso de corregir la secuencia cotejando con el primer demostrador. Las ejecuciones con la pelota van aumentando su grado de dificultad.
Se usan pelotas de distintos tamaños y peso.
Los demostradores pueden iniciar el juego realizando acciones de derecha en oposición a acciones de izquierda.
Es válido introducir bancos, cuerdas y cajas para las acciones con la pelota.
Entre la demostración y la repetición puede intercalarse un lapso de espera.
También se permitirá escribir las acciones llevadas a cabo con la pelota con el fin de leerlas a los niños que no pudieron observar directamente la demostración inicial.

Animales

Objetivo: Desarrollar memoria serial a corto plazo, análisis de las conductas animales e imaginación.
Materiales: Cuerdas, palos, colchonetas, pizarra.

Señales

Participantes:
Niños de 3 años en adelante.
Con niños con retraso en el aprendizaje se comienza desde los 5 años.

Desarrollo: El primer niño imitará a un animal, por ejemplo un elefante, caminando y empleando todo el brazo para simular su trompa; una foca, arrastrándose sobre las dos piernas y semiincorporado, un conejo, dando saltitos, etc. Si el niño lo desea añadirá los sonidos pertinentes. Los palos y cuerdas sirven como orejas, colas trompas, etcétera.
Los observadores repetirán la imitación y un segundo demostrador añadirá un nuevo animal, después de repetir la imitación anterior y así sucesivamente, cada nuevo demostrador introduce un animal más y repite la imitación de los anteriores.
Variantes: En la pizarra se anotan los nombres de los animales que se van añadiendo, o si se prefiere, se dibujan en el orden seguido para ayudar a la memorización en serie.
El juego se organiza antes o después de una lección de zoología en la que también se emplean tarjetas con las figuras y el nombre del animal para los niños que ya saben leer.
El instructor pedirá, si gusta, la imitación de los animales sin la reproducción de sus sonidos particulares, o la imitación de ciertas clases de animales (los que nos ayudan en el trabajo, etcétera).
También se les hará escuchar los sonidos grabados de algunos animales para que ejecuten los movimientos correspondientes y nombren al animal hasta el final.
El demostrador puede ejecutar los movimientos de un animal determinado y los sonidos de otro. El observador tratará de hacer lo mismo con un nuevo par de animales.
Un demostrador produce los sonidos onomatopéyicos mientras otro los ilustra con movimientos.

TIRO AL BLANCO

Señales

Participantes:
Niños de 3 años en adelante.

Objetivo: Estimular la habilidad para lanzar pelotas, para la memoria serial y la memoria visual.
Materiales: Se pintarán blancos en superficies verticales y horizontales, también se utilizarán receptáculos como cubos de basura, cestos de papeles, etc., cuatro o más pelotas de varios tamaños, cuerda para hacer blancos adicionales, aros y pequeñas bolsas llenas de semillas.
Desarrollo: Un niño lanzará una pelota contra uno o dos blancos en el orden que desee. Los observadores deberán lanzar la misma pelota contra los mismos blancos y en el mismo orden. Una vez que lo hayan hecho observarán al siguiente niño.
Variantes: Pueden aumentarse la cantidad de blancos y la variedad de los mismos. Los implementos a lanzar pueden ser pelotas bolsitas con semillas, etcétera.
Los niños demostradores podrán aumentar la complejidad del juego mostrando diversas formas de hacer un lanzamiento al mismo o a distintos blancos (con la mano hacia abajo, lanzamientos fuertes y suaves, con la

mano hacia arriba, etc.). En esta forma deberá recordarse e imitar tanto la manera de lanzar como el blanco empleado.
Los implementos varían para cada blanco, de tal forma que los observadores recuerden el tipo de pelota u otro implemento, la secuencia y el tipo de lanzamiento que realizó el niño anterior.

¿CUÁLES SON MÁS FÁCILES DE RECORDAR?

Señales

***Participantes:* Niños de 8 a 9 años en adelante.**

Objetivo: Desarrollar la memoria serial a corto plazo; el conocimiento sobre qué objetos de una serie son más fáciles de retener, y los métodos para ayudar a la memoria serial.
Materiales: Una pizarra, área de juegos, colchonetas, pelotas, cuerdas, figuras sobre el suelo (figuras geométricas hechas con cinta adhesiva).
Desarrollo: El primer demostrador hará un movimiento entre un conjunto de cinco figuras en el piso, obstáculos, etc. Los observadores intentarán, entonces, imitar uno por uno los movimientos en cada "estación".

Otros observadores decidirán cuáles de los cinco movimientos recordaron con o sin éxito cada uno de los participantes; en ocasiones no se les permitirá ver los intentos del que acaba de pasar, sino únicamente el primer intento del demostrador.

Después se comparará cuál de los cinco movimientos parece ser más fácil de recordar según los niños: ¿uno de los dos primeros movimientos, el último, o uno de los intermedios, el tercero o el cuarto?

Seguirá una discusión respecto a los posibles resultados del experimento; las aplicaciones del escuchar atentamente, estudiar, recordar lecciones, etcétera.

Variantes: Podrán incluirse más de cinco movimientos o añadirlos poco a poco.

Uno o dos niños se encargarán de rectificar la exactitud de la corrección y dar a todos una oportunidad de hacer crítica.

Las pelotas se utilizan para hacer movimientos más interesantes.

Teóricamente los movimientos intermedios de la serie son los más difíciles de recordar e imitar. Los niños podrán estudiar el efecto del ensayo extra de los movimientos intermedios.

Repetición

Señales

***Participantes:* Niños de 7 años en adelante.**

Objetivo: Desarrollar la conciencia de los efectos de la práctica sobre la memoria.

Materiales diversos: cuerdas, pelotas, aros, cajas, sillas, mesas, figuras geométricas en el piso, etcétera.

Desarrollo: El demostrador enseña a los observadores una sola vez, cómo se ejecutan seis movimientos distintos. Los niños imitan los movimientos y se anotan los éxitos individuales en la pizarra. El demostrador repite nuevamente los seis movimientos completos para que los posibles efectos de aprendizaje se comparen entre los intentos del primer niño y los del último.

En seguida se discuten los efectos de la práctica a nivel individual, abarcando las tareas motrices y las verbales.

Variantes: Se forman equipos de tres niños, el primero es el demostrador, el segundo el anotador y el tercero el ejecutante que intentará sucesivamente imitaciones intercaladas con demostraciones adicionales hasta que llegue a ejecutar una serie de seis, siete, u ocho movimientos inclusive. Las funciones se rotan usando una nueva secuencia de movimientos en cada rotación.

Se hacen comparaciones de los efectos de las demostraciones después de cada intento de imitación en relación a todos los intentos de imitar la ejecución inicial.

Los niños mayores dibujan gráficas del desempeño individual y grupal.

INTERFERENCIA

Señales

Participantes:
Niños de 5 años en adelante; niños con retraso en el aprendizaje desde los 8 o 9 años en adelante.

Objetivo: Mejorar la concentración ante estímulos de distracción, la memoria a corto y medio plazo, la capacidad de repaso mental de los movimientos de una serie.
Materiales: Diversos objetos como cuerdas, pelotas, aros, etcétera.
Desarrollo: Primero un niño demostrará una serie de cuatro o cinco movimientos, mientras los observadores deberán recordar con el propósito de repetirlos después. A continuación, un segundo niño demostrará una nueva serie de cinco movimientos.

Uno por uno de los observadores habrán de repetir la primera serie. Se discutirán los posibles efectos de interferencia en la segunda serie observada, con implicaciones sobre la concentración.

Variantes: Se pedirá a los niños que repitan los movimientos contenidos en la segunda serie y discutan los efectos de interferencia. Los niños repetirán una o dos de las series pero conservando el orden de su secuencia.

La memorización de una serie de movimientos se puede comparar por desempeño individual o grupal y discutirse los diferentes grados de concentración que alcanza el individuo cuando sabe que tiene que repetir la serie. La segunda secuencia puede ser muy similar, o muy diferente de la secuencia que debe imitarse. Podrán demostrarse más de dos series, y los observadores escogen entre repetir la primera, la segunda o la última serie de movimientos. Se discutirán las comparaciones de los efectos del orden serial sobre la retención.

OÍR, DECIR Y MOSTRAR

Señales

Participantes: Niños de 7 y 8 años en adelante; niños con retraso en el aprendizaje desde los 10 años.

Objetivo: Desarrollar la apreciación de la variedad de formas en que aprendemos y cuál de ellas propicia el mejor aprendizaje; los efectos de la memoria serial a corto plazo a través de las diversas demostraciones.

Materiales: Distinto material de juego, obstáculos, figuras geométricas, etc., una pizarra, papel y tarjetas.

Desarrollo: Se divide a los niños en tres grupos; después se les muestra una serie de tres o más movimientos ejecutados en distinta forma para cada grupo; al primero se le leen los movimientos escritos en una tarjeta, al segundo se le muestran los movimientos actuados; al tercero se le leen y muestran simultáneamente.

Se comparan los resultados que cada grupo de observadores obtenga por la retención que se observe en la imitación de la serie. Los anotadores llevarán un récord, por tema, para sacar la puntuación de cada grupo.

La discusión girará alrededor de los mejores métodos de aprendizaje, de las diferencias individuales en el aprendizaje y de las mejores técnicas de enseñanza utilizadas por los maestros.

Variantes: Se presentan fragmentos de las series, aplicando las tres formas empleadas (leída, mostrada, leída y mostrada).

Se forman equipos de observadores, anotadores, y ejecutantes, alternando turnos después de la ejecución y repeticiones iniciales. Los evaluadores cotejarán la exactitud de las descripciones verbales formuladas por los instructores o los niños.

Se hace la demostración a un solo niño, quien traduce los movimientos en palabras, y se las lee a un tercero, que a su vez se los muestra a un cuarto, quien tendrá que demostrar y verbalizar lo mismo a un quinto. La última demostración en cadena ya está lista para comparar con la inicial.

Al día siguiente

Participantes:
Niños de 5 años en adelante.

Objetivo: Desarrollar la capacidad de apreciación de elementos que ayudan a la memoria a plazo intermedio.
Materiales: Diversos objetos, obstáculos, figuras geométricas, etcétera.
Desarrollo: Se realiza una serie de cuatro, cinco, o seis movimientos. Al día siguiente, los observadores repetirán los movimientos vistos el día anterior.
La discusión se hace sobre los posibles efectos del repaso mental y de los efectos de la demora entre la demostración y la imitación. Cualquier irregularidad deberá tomarse en cuenta.
Los anotadores determinan cuánto se recuerda y cuántos intentos se necesitan al día siguiente para aprender el movimiento a la perfección y cuáles elementos dentro de la serie parecen recordarse mejor.
Variantes: Una secuencia puede practicarse a la perfección el primer día, y luego dejar pasar uno o más días antes de la repetición. Se comparan los grupos que estaban instruidos para memorizar con aquellos que no.
En gráficas, los niños mayores trazan las curvas de olvido que se registren en los días sucesivos.
Se puede incluir el lapso de una semana o más entre el aprendizaje inicial y la repetición.
Un individuo o un grupo lleva el porcentaje de las series retenidas en la memoria desde el aprendizaje inicial hasta la repetición de la ejecución. Para evaluar, también puede emplearse el método de "economía" (ejemplo: cuántos intentos se necesitan después del intervalo para la retención, con el propósito de lograr el nivel de desempeño inicial).

Observación versus práctica

Señales

Participantes:
Niños de 5 y 6 años en adelante; con niños con retraso en el aprendizaje se comienza a los 7 u 8 años.

Objetivo: Desarrollar la capacidad de apreciación de los efectos de la práctica física contra los efectos de la práctica mental en el aprendizaje y en la retención.
Materiales: Cuerdas, pelotas, colchonetas, etcétera.
Desarrollo: El demostrador realiza una serie de tres, cuatro o más movimientos que los observadores sólo podrán mirar, con el fin de repetirlos después de un lapso de 5 minutos. A continuación el demostrador inicia una nueva serie, que los observadores podrán practicar activamente durante 5 minutos antes de probar su competencia. El demostrador hará una tercera serie de movimientos y pedirá a los observadores que repasen los movimientos mentalmente; nuevamente se realizará después de 5 minutos.
Se compara formal e informalmente el éxito de las imitaciones según las técnicas descritas.

Es necesario llevar a cabo una discusión sobre los efectos de la práctica física directa y los efectos de la práctica mental sobre la capacidad académica.

Variantes: Se rotan las funciones del demostrador, observador y evaluador después de cada demostración.

Los niños mayores podrán sacar curvas del desempeño después de sus oportunidades para repasar mentalmente los movimientos, llevarlos a la práctica, o simplemente observarlos.

CAPÍTULO 3

Categorización

Muchas tipologías del funcionamiento intelectual incluyen capacidades que comprenden discriminaciones-colocación de objetos, sucesos, símbolos en categorías, y el desempeño de operaciones similares que implican clasificación. La existencia de este tipo de capacidad puede encontrarse en infantes de unos cuantos días de vida. Por ejemplo, se ha observado que algunos manifiestan una inclinación a pasar más tiempo "observando" estímulos poco familiares o desusados que observando formas y caras familiares en proximidad íntima. Además T. G. Bower y sus colegas han descubierto que bebés de 40 a 60 días de edad pueden distinguir la diferencia entre formas bi y tridimensionales, y aparentemente discriminan entre objetos parecidos colocados a diferentes distancias. Así como durante los primeros meses de vida, los bebés han demostrado ser capaces de categorizar rudimentariamente estímulos sencillos.

Conforme el bebé madura, su capacidad para hacer discriminaciones más complejas (colocar objetos, gentes y sucesos en categorías cada vez más sutiles) aporta una base para la evaluación del funcionamiento intelectual. Cuando el niño llega a edad escolar, no sólo debe discriminar entre variadas letras del alfabeto, sino también reconocer las características comunes a las 26 letras, aunque aparezcan en tamaños, estilos de impresión y ubicación distintos dentro de su cuerpo visual. Si sus esfuerzos han de tener éxito en la lectura, también deberá categorizar las formas de las palabras dentro de categorías innumerables que representan una multitud de significados.

Piaget sugiere, basándose en sus pruebas con niños de dos años y mayores, que la capacidad para clasificar atraviesa tres etapas de desarrollo:

1. La etapa preoperacional (de dos a cinco años) en la que los niños manifiestan dificultad para colocar figuras geométricas o representaciones de objetos en categorías "puras". A veces durante esta etapa, forman un "lazo parcial" entre objetos similares.

2. En la segunda etapa (de cinco a siete años) los niños hacen colecciones que parecen clasificaciones verdaderas y válidas. En un estudio, Piaget pudo ver que los niños distribuyen los objetos en dos grandes categorías, una de ellas contiene todos los polígonos, y otra las formas curvilíneas. Colocan los triángulos en una pila y los rectángulos en una segunda, mientras que las formas curvilíneas las dividían en las de anillos y las de medios anillos.

3. La tercera etapa (aproximadamente de los siete a los once años) está marcada por la capacidad para construir clasificaciones jerárquicas bastante complejas y para comprender las cualidades que reflejan los objetos determinando su acomodación en varios grupos. Por ejemplo, los dibujos de flores tienden a ser separados de los dibujos de plantas, y todavía más, los mismos dibujos de flores pueden subdividirse de acuerdo con sus diversos tipos y finalmente los que están en cada grupo pueden subdividirse a su vez por colores.

El niño en crecimiento debe categorizar de manera semejante los movimientos con su significado y utilidad. Las acciones difusas y descoordinadas del neonato se refinan y especializan para satisfacer muchas exigencias de la vida. Aun más, dichas acciones deben aparejarse con significados verbales dichos en voz baja e interiormente o enunciados por otros.

Los varios programas de educación en que el movimiento tiene su lugar no han incluido muchos tipos de tareas que podrían muy bien desarrollar la capacidad del niño para categorizar y clasificar. Las posibles tareas dentro de programas diversos podrían caber en las siguientes categorías:

1. La práctica de reconocimiento de patrones constituye la primera categoría y su finalidad es estimular varios juegos de movimiento y respuestas motrices, mediante el uso de grandes figuras geométricas colocadas en el área de juegos. Este intento parece estar dirigido a ayudar a que los niños empleen etiquetas verbales para figuras geométricas comunes, y están planeadas para promover la clasificación y la categorización de lo que Guilford llamaría *contenido figural*.

2. Las actividades de reconocimiento de letras descritas en otras publicaciones, particularmente para transferir un amplio campo de conocimiento (identificación de letras mayúsculas, minúsculas, escritas, habladas o sus sonidos específicos), representa otro intento de ayudar a través del movimiento a que el niño forme categorías con letras y combinaciones de ellas.

3. En los programas de educación por movimientos se puede pedir al niño que realice uno que quepa en alguna categoría dada, y al mismo tiempo dejarle algún margen para que haga una selección exacta del movimiento. Por ejemplo, el instructor podría pedir que se "arrastrase sobre una colchoneta hacia atrás" o "que mostrase una forma de meterse en un aro saltando". Dentro de un contexto tal, el niño está estimulado para formar categorías de experiencias en movimiento, y para demostrar su propia adquisición en varios conceptos categóricos describiendo diversas acciones con el propio cuerpo u observando y juzgando los esfuerzos que hace otro niño para describir idénticos tipos de comportamiento. Así los ejercicios están diseñados para ampliar la clasificación del *contenido conductual*.

4. Los varios conceptos espaciales pueden aprenderse con experiencias de movimiento que se lleven en diversos programas. Podemos pedir a un niño que, por ejemplo, haga "algo a la izquierda" o "con la parte izquierda de su cuerpo" o también que pase debajo de una silla u otro obstáculo a fin de que desarrolle la capacidad para adquirir conceptos espaciales como: arriba, abajo, a izquierda y a derecha. Es posible usar una división de movimientos que corresponda a las cuatro categorías de arriba, abajo, a derecha y a izquierda.

5. Casi todos los juegos de lectura que presentan Cratty y Humphrey se consideran prácticas en categorización. La forma de una palabra (como "mira") debe quedar clasificada, comparándola a otras formas de palabras, sonidos de palabras similares pero diferentes, y categorizadas de diversos modos para que queden verdaderamente aprendidas. Humphrey lista especialmente dos juegos en su texto *Teaching Slow Learners Through Active*

Games, cuyo propósito es desarrollar la capacidad para clasificar letras; uno de ellos comprende la acomodación de dibujos de distintas clases de animales (clasificables a partir de su tipo, como "pez", o su función, "puede volar"), los niños corren a poner los dibujos correctos dentro de las "jaulas" evitando que los atrapen los otros participantes. Un segundo juego que se llama "Los patos vuelan" tiene un propósito parecido. Según los datos que surgieron en el marco de los programas en que estas actividades tienen lugar, en un estudio que llevamos a cabo, uno de los objetivos era acrecentar la identificación verbal de patrones geométricos (círculo, cuadrado, semicírculo, rectángulo y triángulo), descubriéndose que con el cuerpo total en movimiento se lograba tanto éxito como en el intento de inculcar los mismos conceptos categóricos mediante la supervisión de grupos pequeños y en una atmósfera de salón de clases.

Los juegos que siguen muestran un espectro bastante amplio de las tareas que requieren reflexión de las categorías. Las clasificaciones generales que se ven en casi todos los juegos implican la clasificación de los movimientos o de símbolos visuales llevados a la práctica inmediata por la incorporación de acciones motrices.

OBJETOS TRIANGULARES

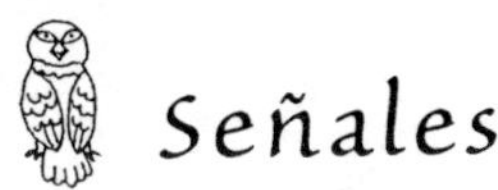

Participantes:
De 2 a 30 niños con edades de 3 a 6 años.

Objetivo: Desarrollar la percepción de diferencias y semejanzas conceptuales dentro de y entre las figuras geométricas comunes; la capacidad de etiquetar verbalmente por categorías formas geométricas comunes.
Materiales: Cinta adhesiva, cartón, tijeras, pizarra y colchonetas.
Desarrollo: El instructor deberá comunicar que el propósito de la lección es descubrir todos los objetos triangulares que se puedan formar. Así, después de escuchar la descripción de lo que es un triángulo, y usando los materiales disponibles, se anima a los niños a cortar triángulos de cartón y formas triangulares de grandes dimensiones con la cinta, "hacer triángulos" con las extremidades, los dedos o el cuerpo horizontal y verticalmente.
Variantes: Se modifica la lección para que incluya cualquier otra figura geométrica común: cuadrados, círculos, rectángulos, rombos, etcétera.
La discusión posterior girará en torno de las diferencias y semejanzas entre triángulos y otras figuras.
Una vez que las figuras se colocan en el área lúdica, se usarán como bases para distintos tipos de juego.
Se pedirá a los niños que corran el triángulo más cercano dondequiera que se encuentre o que digan cómo convertir figuras geométricas conocidas, en letras.
Ejemplos: semicírculos en "Bes" y triángulos en "Aes" y que muestren las "conversiones" cambiando la posición de sus cuerpos, la cinta adhesiva y las líneas de la pizarra.

MIRA Y ESCOGE

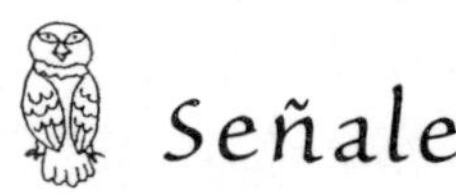

Participantes:
Niños de 7 y 8 años en adelante.

Objetivos: Desarrollar la capacidad de categorizar movimientos; determinar si los objetos pertenecen a más de una categoría y colocarlos correctamente; una cuidadosa observación de la actividad del juego; la conciencia de la propia capacidad de movimientos en el juego.
Materiales: Diversos, según se requieran; pelotas, bases, etcétera.
Desarrollo: El objeto de este ejercicio es observar un juego, como el basquetbol, y después clasificar todo tipo de movimiento que se observe: correr, saltar con los dos pies, con uno, correr y saltar, esquivar por enfrente, esquivar y pararse, lanzar la pelota con las dos manos, con una, con una mano al saltar, etcétera.
Posteriormente, se pide a los niños que muestren los varios componentes que observaron y que los categoricen, asegurándose de que se creen nuevas categorías globales –quizás el movimiento vertical contra el horizontal, o el de la pelota contra el de la gente– y que en seguida subcategoricen los movimientos.
Variantes: Los niños deben determinar qué movimientos son exclusivos de un juego específico y cuáles son similares o idénticos a éstos en otros juegos.
También se les podría pedir que recopilen movimientos de diversos juegos e inventen uno nuevo a partir de ellos.
Que esclarezcan cómo actúa la gente cuando juega –enojada, feliz, locuaz, silenciosa– y que determinen si el juego es la causa de las características observadas, o si las personalidades de la gente surgen en el juego; si la conducta es específica del juego o de la posición o situación en que se encuentra.

ARRIBA Y ABAJO

 Señales

Participantes:
Preescolares; con niños con retraso en el aprendizaje se empieza de los 6 años en adelante.

Objetivo: Ampliar la capacidad de percibir características comunes en movimientos hacia arriba y hacia abajo, líneas, y su relación con los componentes de las formas de números y letras.
Materiales: Papel, pizarras, cuerdas y lápices.
Desarrollo: Después de discutir lo que es arriba y abajo, usando ejemplos con elevadores, aviones, helicópteros, los niños van al área de juego para que determinen lo que ellos son capaces de ver o hacer en relación a los conceptos de arriba o abajo, y que podrían traducirse en acciones tales como: resbalarse por un poste, saltar, trepar y deslizarse por una cuerda, etcétera.
A continuación, los niños van al aula y moviendo ampliamente los brazos dibujarán movimientos hacia arriba y hacia abajo en la pizarra o sobre un papel colocado verticalmente en la pared.
Utilizando pelotas verdes se indicará el comienzo del juego y con rojas su interrupción.

Finalmente, los niños van a sus hojas de papel en el pupitre y dibujan líneas que vayan de arriba hacia abajo, primero verticalmente o en un plano inclinado y luego horizontalmente; se enfatizará que ahora arriba significa lejos de, mientras que abajo significa hacia uno mismo.
Variantes: Las actividades en que se usan los conceptos de arriba y abajo también pueden dibujarse en la pizarra o el papel. Las líneas pueden convertirse en objetos comunes como casas o árboles, ya sea en el papel grande de la pared o en el pupitre.
Si los niños lo piden, regresará al área a fin de observar otras cosas que vayan hacia arriba o hacia abajo, como antecedente a su práctica escrita.

Objetos inclinados

Señales

Participantes: *Niños de 3 años en adelante; niños con retraso en el aprendizaje a partir de 6 y 7 años.*

Objetivo: Mejorar la percepción de líneas inclinadas, sus características generales, y la de los movimientos que las producen; conciencia de la forma en que las líneas inclinadas ayudan a dibujar letras y números.
Materiales: Cuerdas, toboganes, sube y baja, objetos para trepar, palos.
Desarrollo: Después de la discusión y demostración de lo que son objetos inclinados, los niños van al área de juego para observar y experimentar por sus propios movimientos cuáles son "acciones inclinadas": resbalarse por el tobogán, trepar sobre una tabla inclinada, sostener una cuerda en posición inclinada y saltar sobre ella.
A continuación, los niños se dirigen a pizarras o grandes hojas de papel colocadas sobre superficies horizontales o verticales y tratan de reproducir con movimientos de sus extremidades, líneas inclinadas.
Por último, los niños irán a sus pupitres y en hojas de papel dibujarán líneas inclinadas de izquierda a derecha superior y viceversa; y mostrarán cómo pueden utilizar esas líneas para dibujar cosas como techos de dos aguas o letras.
Variantes: Los niños pueden encargarse de encontrar en su medio ambiente líneas inclinadas como pendientes de cerros.
También incluir sus varios grados de "inclinación" y alternar en sus dibujos líneas horizontales y verticales con inclinadas, con el propósito de ilustrar semejanzas y diferencias.

Objetos curvos

Objetivo: Promover la capacidad de detectar e imitar líneas curvas de varias magnitudes desde los segmentos de la línea hasta círculos completos, múltiples círculos y formas de S; la capacidad para discriminar entre líneas y movimientos curvos y rectos.

Señales

Participantes: Preescolares, y niños con retraso en el aprendizaje a partir de los 6, 7 años.

Materiales: Círculos en el área, cuerdas, pelotas, etcétera.
Desarrollo: Los niños harán uso de las líneas que se encuentran en el área de juego, y al observar el trayecto de las pelotas o las cuerdas, sostenidos por cada extremo, tratarán de averiguar cuántas curvas se hacen durante el período del juego. También tendrán oportunidad de caminar distancias variadas alrededor de un círculo y descubrir que están haciendo curvas. Después pasan al salón, a dibujar las líneas en la pizarra, en papeles colocados sobre el piso en cualquier superficie adecuada. Para terminar, las curvas se colocan de distinto modo sobre una página y se incorporan a las letras que requieren curvas o a dibujos que contengan líneas curvas.
Variantes: Tal vez los niños traten de imitar las líneas curvas haciendo girar las pelotas; experimentar a través de patrones de movimiento rudimentario las curvas en varios planos y de varios grados de curvatura.

IZQUIERDA Y ARRIBA

Señales

Participantes: Niños de 3 años en adelante; niños con retraso en el aprendizaje de 7 en adelante.

Objetivo: Desarrollar los conceptos relativos a izquierda y derecha, arriba y abajo en dimensiones espaciales.
Materiales: Pizarra, pelotas, cuerdas, aros, cinta adhesiva.
Desarrollo: Se hace la demostración de un movimiento como saltar sobre el pie izquierdo. Después se discute la acción; cuando alguno de los niños descubre que se saltó sobre el pie izquierdo todos los demás harán uso de los materiales disponibles para tratar de hacer cosas orientadas hacia ese sentido.
En seguida se agrega un movimiento de giro hacia la derecha y se vuelve a animar a los niños para que discutan lo que sucedió y terminen inventando “acciones de derecha”.
La misma estrategia se emplea para inculcar los conceptos de arriba y abajo.
Variantes: Los dibujos de estos conceptos en la pizarra no se hacen sino hasta haber determinado cuál es la izquierda, la derecha, el arriba y el abajo de la pizarra.
Nota: por lo general, las acciones más fáciles de izquierda a derecha implican el uso de las manos o los pies.
Resulta más difícil responder correctamente cuando se pide un giro a la derecha o a la izquierda, y más difícil aún orientar el cuerpo con relación a otra cosa; por ejemplo, pararse con el lado derecho cerca de la pared, o acostarse de tal manera que el brazo izquierdo quede sobre el piso.
Posteriormente, se intentan más prácticas de los mismos conceptos con letras y números empezando por su parte izquierda o su derecha, o dibujando su curva hacia la izquierda o la derecha. En seguida, las letras de izquierda y de derecha se pueden diseñar con los propios cuerpos y extremidades de los niños asistidos por un grupo de observadores, encargados de revisar los resultados.

INTERSECCIONES

Objetivo: Mejorar la habilidad de cruzar líneas, y curvas con líneas sin confundirse; categorizar líneas que se intersequen y relacionarlas con letras que necesiten líneas intersecantes.

Materiales: Pizarra, hojas de varios tamaños, área de juego con círculos y líneas pintadas, cuerdas, aros, palos.

Desarrollo: Con objetos para trepar y líneas dibujadas en el piso, los niños tratarán de encontrar líneas intersecantes para treparlas o caminar sobre ellas de distintos modos.

Después los participantes regresan la pizarra o al papel colocado verticalmente para dibujar líneas intersecantes distintas. Con el papel de su pupitre seguirán dibujándolas, intersecando diversamente y convirtiéndolas en letras y números que necesiten intersecciones.

Variantes: También es válido hacer dibujos llenos de líneas intersecantes e inventar juegos donde se apliquen.

Señales

***Participantes:* Niños de tres años en adelante; niños con retraso en el aprendizaje a partir de 6 y 8.**

Los niños tratarán de clasificar letras y números en dos categorías, los que necesitan líneas intersecantes y los que no.

LÍNEAS Y CÍRCULOS

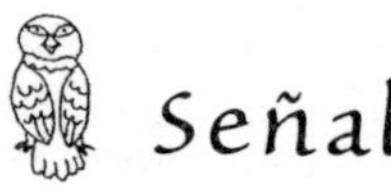

Señales

Participantes: Niños de tres años en adelante.

Objetivo: Incrementar la capacidad de clasificar y sustituir un sistema de clasificación por otro; la traducción de símbolos visuales en movimiento.
Materiales: Pizarra y colchonetas.
Desarrollo: Primero se explica el "código": / sobre la pizarra representa un solo salto (en un pie). Así, cuando se escriben dos //, se deberán hacer dos saltos, etcétera.
Los niños deben mostrarlo.
En seguida se amplía el código para incluir ceros, que representan aplausos. Si en la pizarra se escribe 00 significará que deben realizar dos aplausos.
Después se combinará el código. Se pedirá a los niños que "lean" y ejecuten lo que // 0 / significa, con combinaciones cada vez más complejas.
Los símbolos podrán separarse para mayor claridad. Así, se pone sobre la pizarra //0/0//0, junto a los mismos símbolos escritos con mínima separación: //0/0//0. Los niños deberán encontrar la diferencia entre los dos conjuntos, es decir, que un grupo tiene espacios que también deben actuar.
Se les preguntará qué harán para indicar los espacios del primer grupo.
Respuestas posibles: "esperar" o "hacer una pausa" o, quizás, "hacer un sonido o aplaudir", o incluso hacer cada combinación en un lugar diferente, es decir, usar el espacio para representar un espacio.
Variantes: Podrán agregarse movimientos añadiendo símbolos paralelos: una "X" significa un rol adelante sobre una colchoneta, mientras que una "d" podría significar "caerse"; la abstracción "s-a-l-t-a" (abstracta para un niño de 4 años) se actuará saltando, lo que significa estar introduciendo a los niños pequeños, brillantes, y a los menores menos capaces en la lectura que es en sí un proceso de código.

HUELLAS

Señales

Participantes: Tres o más niños de 5 años en adelante.

Objetivos: Desarrollar la capacidad de codificar y descifrar. Formar categorías de modalidades sensoriales, por ejemplo, visual a motriz; capacidad de discriminar la derecha de la izquierda.
Materiales: Un conjunto de dieciocho huellas, nueve formadas con el pie izquierdo y pintadas de color oscuro, y nueve del pie derecho pintadas de color claro; una colchoneta o un piso amplio.
Desarrollo: Se colocan las huellas desordenadamente mientras se les ex-

plica a los niños que las huellas oscuras son del pie izquierdo y las claras del pie derecho.
Se pide a los niños que caminen o salten sobre las huellas del modo que deseen, manteniendo siempre el pie sobre la huella correspondiente.
Ellos intentarán determinar de cuántas formas se puede pasar sobre las huellas. Quizás algún niño quiera arreglar las huellas a su antojo.
Variantes: Los niños usarán las huellas que están colocadas ahora a mayor distancia entre sí.
Gradualmente se aumenta el número de huellas, o se colocan en forma más compleja, por ejemplo, algunas con sentido hacia el punto de partida, que exigen que el niño ejecute media vuelta.

¿En cuántas categorías?

Señales

Participantes:
Niños de 5 a 10 años.

Objetivo: Aumentar la capacidad de análisis y separar la acción en categorías incontables.
Materiales: Una cuerda, una colchoneta, o un área libre en el piso, una pizarra.
Desarrollo: El demostrador (maestro o niño) ejecuta un movimiento, como saltar hacia atrás sobre una línea, seis veces con el pie izquierdo.
El maestro pregunta: "¿De cuántas formas pueden describir lo que se

hizo?" O "¿Cuántas palabras se necesitan para describir eso a alguien que no lo ha visto?".

Posibles respuestas: Hacia atrás, saltando, un movimiento en un pie, un movimiento rítmico, un movimiento en línea recta, un movimiento hacia atrás, un movimiento de izquierda, un movimiento del pie, un movimiento de seis tiempos. Después de cada respuesta, se pide a los niños que ejecuten el movimiento descrito.

Variantes: Se sugiere a los niños que escriban en la pizarra las categorías que se formaron y hagan una lista de otras posibles variaciones dentro de cada categoría.

Con la pizarra: Se pide a un niño que haga algo similar a las seis acciones anteriores usando tiza y pizarra sólo cuando sea posible.

Podrán hacerse innumerables movimientos complejos, por ejemplo: 4 roles adelante, saltar dando media vuelta sobre la línea, correr y detenerse, etc. Se vuelve a la misma discusión, clasificación y confirmación descrita anteriormente, vía movimiento posterior.

¿QUÉ ES UN JUEGO?

Señales

***Participantes:* Niños de 5 años en adelante.**

Objetivo: Desarrollar procesos de análisis y de clasificación relativos a las varias cualidades de actividades culturales como juegos, religiones, ocupaciones, recreos, boxeo, etcétera.

Materiales: Pelotas, cuerdas, aros, colchonetas.

Desarrollo: Se discute qué cualidades se ven en los juegos, por ejemplo: lo que se necesita, lo que sucede cuando se juega un juego, etc.

Posibles respuestas: Los juegos requieren espacio, una o más personas, reglas, material; implican diversión, movimiento, esfuerzo, etc. En seguida se les pedirá que inventen un juego que nunca antes se haya jugado, o se les enseña un juego nuevo para ellos.

Después de haberles mostrado el juego se pide que identifiquen cada componente relacionándolo con el juego: ¿Cómo se usa el espacio? ¿Qué reglas tiene su juego? ¿Qué movimientos se observan en su juego?

Variantes: Se pueden combinar dos juegos simples formando uno solo más complejo y se analiza de acuerdo con los criterios descritos.

A continuación se discuten qué cualidades son absolutas en los juegos, cuáles se ven sólo en algunos, etc. Se propondrán otras escalas de clasificaciones para analizar los juegos, después se actúan mediante movimientos: el grado de velocidad, de complejidad del movimiento, y el grado de contacto directo en oposición al contacto indirecto entre los oponentes.

Pueden intentarse extremos en la calidad del juego: jugar en el espacio más pequeño o más grande que se imaginen, jugar con un mínimo de reglas y un máximo, jugar sin material, con mucho material.

LA LETRA "A" ES LA LETRA "A"

Objetivo: Reforzar la capacidad de generalizar las formas de las letras vistas de diversas maneras.
Materiales: Letras mayúsculas y minúsculas, algunas movibles, otras en tarjetas, otras en cuadrículas; pizarra.

Desarrollo: Se pueden hacer innumerables juegos de transferencia incluyendo los siguientes: Encontrar el equivalente en mayúscula de la letra minúscula escrita en una tarjeta saltando sobre la cuadrícula de mayúsculas en el piso.
Después, las tarjetas con letras minúsculas se colocan en una pila de mayúsculas y los niños corren a ver quién llega primero y saca la letra correcta.
Se pide a los niños que deletreen palabras con las letras minúsculas y que salten sobre sus equivalentes mayúsculas.

Variantes: Se da una letra verbalmente, los niños buscan todas las formas posibles de la letras saltando, corriendo, o encontrándolas en la pila contraria.
Los niños nombran la letra que se les presenta visualmente y en todas sus formas posibles.

Tipos de letras

Señales

Participantes:
Niños de 3 a 7 años.

Objetivo: Desarrollar la conciencia de la forma de las letras y de las categorías en las que se pueden colocar de acuerdo con su forma; la capacidad para identificar formas de letras mayúsculas y minúsculas.
Materiales: Colchonetas, pizarra, área de juegos con figuras como las de la ilustración, tarjetas con letras mayúsculas y minúsculas.
Desarrollo: Con la pizarra se pide a los niños que clasifiquen las letras mayúsculas de acuerdo con su "diseño", por ejemplo, las que son circulares y continuas (C, O, S); las que tienen líneas inclinadas y rectas (A, K, M, N, V, W, Y, X, Z); las que tienen curvas y rectas, las que tienen sólo líneas verticales u horizontales (E, F, H, I, L,T).
Se pide a los niños que imiten con el cuerpo las formas de cada letra, o que salten dentro del laberinto de letras ubicado en el área de juego o que corran y junten letras de cada tipo de una pila de letras.
Variantes: De pie y usando sus manos, extremidades, cuerpo, se pide que imiten las diversas letras, o que "caminen" el diseño de las letras en una caja de arena; que dibujen letras grandes y chicas de papel esparcidas sobre el suelo.
Sólo podrá utilizarse una línea multidimensional en el patio para que los niños coloquen las letras correctas (mayúsculas o minúsculas dibujadas en las tarjetas), sobre puntos específicos de la línea.

Capítulo 4

Comunicación del lenguaje

El lenguaje, el habla, la lectura y la actividad motriz son interactuantes tanto de manera evidente como sutil. El habla es hasta cierto punto un acto motor, y es común encontrar un porcentaje de problemas del habla relativamente mayor en los grupos de niños que manifiestan además, otros signos de disfunción motriz. Asimismo la terapia del habla implica, en cierto modo, estimular al niño para que perciba la manera en que la boca, lengua y labios se mueven para producir sonidos que se manifiesten con corrección de acuerdo con un idioma dado.

La comunicación y la actividad motriz también coinciden en el momento en que varias clases de gestos y clases de movimiento acompañan la palabra hablada. En los artículos de las revistas científicas e inclusive en la prensa popular se habla cada vez más de investigaciones sobre los parámetros del lenguaje no hablado y muchos de ellos nos cuentan de claves de movimiento que surgen de la cara, extremidades y tronco del "emisor".

Desde el punto de vista del desarrollo, se puede aparejar el movimiento y el habla. Una autoridad como Piaget sugiere que la aparición de la comprensión del lenguaje más temprana se da a partir del contacto infantil con las actividades propias de su edad. Antes de que el niño sea capaz de formular un lenguaje, aprende a responder correctamente a las diferentes exigencias paternas en cuanto a moverse o dejar de hacerlo, y poco después de su primer año de vida él mismo da voz a las mismas exigencias: "¡Deja de hacer eso!", "Dámelo", "Ven aquí", "Hay que correr", etc. o frases parecidas que denotan una acción o su cesación.

Aunque podría argumentarse que la lectura sólo comprende el movimiento de los músculos menores de los ojos, hacia los mediados y fines de la infancia la comunicación escrita exige movimientos precisos de las manos y también expresa el habla subverbal, cuando el niño hace sus primeros intentos de escribir una historia. Lo más importante, sin embargo, son los intentos recientes de acelerar varios tipos de desarrollo del lenguaje por medio de actividades corporales que comprenden grupos de músculos mayores. Esta investigación ha producido hallazgos que indican que algunas clases de actividades motrices, al aparejarse con ciertos tipos de comunicación verbal, traen como resultado general el progreso de las últimas. Estos hallazgos, junto con las prácticas clínicas que los produjeron, serán temas de discusión en el presente capítulo.

Ha habido diversos enfoques para desarrollar las funciones del lenguaje, de la lectura y de la comunicación escrita a través de programas que comprenden tareas de movimiento, por ejemplo:

1. El enfoque de "Los juegos activos" se ha empleado para inculcar conceptos del lenguaje a los niños. En uno de ellos, las reglas del juego son escritas y discutidas antes de empezar a jugar, organizando los hechos de tal manera que la lección de lenguaje y el juego se desarrollan por separado.

2. Las lenguas extranjeras se aprendieron aparejando las órdenes en el idioma con el que llamaron "la respuesta física total", muy parecido a como los niños pequeños aprenden su propio u otro idioma.

3. Un mínimo de autores ha incorporado las capacidades antecedentes de la lectura a actividades que impliquen andar a saltos, y acciones

semejantes. Capacidades tan básicas como el reconocer una letra (por su imagen y su sonido), el reconocimiento de un patrón y la capacidad de la memoria serial han sido los focos de atención en esta clase de programas.

4. También se han incorporado ejercicios de lectura visual a juegos en que los niños se tienen que mover de una base a otra, después de identificar correctamente palabras en tarjetas.

Emplear este tipo de enfoque en el desarrollo del lenguaje se justifica de varias maneras. Algunos autores opinan que los juegos resultan sumamente motivadores, y que al hermanarse con ejercicios de lenguaje diversos tienen la posibilidad de difundir sus efectos motivadores al tan frecuentemente opresivo aprendizaje de la lectura y ejercicios semejantes.

Otros quieren implicar que la percepción que ocurre mientras un niño está en movimiento y aprende varios ejercicios de lenguaje le ayuda a la formación de conceptos de lectura y comunicación. Otra implicación es que una cierta señal que comprende capacidades del lenguaje se fortalece al hermanar la respuesta física total con algún adiestramiento de la comunicación.

En cualquier caso, los hallazgos de algunos de estos estudios son bastante atractivos porque tienen datos valiosos para la enseñanza y el logro de la destreza en la comunicación. Existen tipos de actividades de movimiento que si se emplean adecuadamente contribuyen a desarrollar algunos de los subprocesos que necesitan los niños para leer bien. El material a continuación *no deberá* interpretarse como un rechazo a las formas más tradicionales de la enseñanza de la lectura ya que muchas de ellas han funcionado excelentemente durante las décadas pasadas. Al mismo tiempo, las referencias a los juegos tal vez sirvan de estímulo a algunos maestros para acercarse a ciertos niños, más novedosa y creativamente, y asimismo logren ayudar al alumno difícil.

Los expertos en la enseñanza de la lectura están de acuerdo en que los siguientes procesos son válidos pese a que existe controversia en cuanto al *orden* en que deben adquirirse.

1. El niño debe hablar y entender el lenguaje en un nivel de destreza razonable antes de aprender a leer.

2. El niño debe aprender a descomponer palabras habladas en los sonidos que las componen.

3. El escolar debe aprender a reconocer y discriminar las diversas formas de letras que pongan a su alcance (minúscula, mayúscula, cursiva, etcétera).

4. El alumno debe aprender el principio de izquierda a derecha mediante el cual se ordenan letras y palabras en un texto continuo.

5. El niño debe aprender que varios sonidos son los probables resultados de diferentes combinaciones de letras a fin de que pueda reconocer impresas las palabras que oye, o viceversa, y trate de pronunciar palabras vistas por primera vez.

6. El alumno debe reconocer las palabras impresas recurriendo a un número de claves como su forma general, las letras que las componen, los sonidos que representan las letras, y también los significados sugeridos por su contexto.

7. El escolar debe ser capaz de convertir frases habladas a escritas, y viceversa.

8. El estudiante debe aprender a razonar y a pensar acerca de lo que se lee.

Existen diversas estrategias y métodos válidos que han probado ser eficaces en la enseñanza de la lectura y en la solución de problemas de lectura, que excluyen una gran cantidad de movimientos de parte del escolar. No obstante, los juegos que se presentan en las siguientes páginas contienen estrategias en las que, la mayoría de las veces, se estimula al niño a moverse en formas variadas.

HAZ LO QUE DIGO

Objetivo: Estimular la comunicación a través del lenguaje y su comprensión.
Materiales: Sillas, mesas, aros, pelotas, cuerdas.
Desarrollo: Se coloca un conjunto compuesto de una mesa, una silla, un aro y una cuerda colocados en una línea. Un niño "director" describe, en secuencia, lo que un niño ejecutante debe hacer, por ejemplo, sentarse en una silla, pasar por debajo de la mesa, saltar dentro de un aro, etc. Otro observador trata de determinar si las órdenes se han llevado a cabo correctamente.
El niño que ejecute correctamente las cosas tiene derecho a construir la siguiente serie de acciones. Los directores verbales, los ejecutantes y los evaluadores rotarán sus funciones cada determinado tiempo.
Variantes: Se puede formar una cadena de niños y el primero da las instrucciones susurrándolas a un segundo, que a su vez lo hará a un tercero, y así sucesivamente hasta que el último niño se la repite al ejecutante. El evaluador (que también escuchó las instrucciones del primer niño) determina la exactitud del resultado final comparándolo con las primeras instrucciones dadas al principio del juego.
Un número cada vez más complejo de instrucciones se va dando al ejecutante.
Se pueden introducir variaciones de tiempo, por ejemplo, hacer algo lentamente, rápidamente, etcétera.
Intervalos variados de tiempo se irán insertando entre las instrucciones y en ejecución para desarrollar la memoria a corto plazo y para estimular la revisión mental de las instrucciones.

***Participantes:* Niños de 3 años en adelante, sin dificultades o con retraso en el aprendizaje.**

Observa, escucha y relata

Señales

Participantes:
Niños de 4 años en adelante sin o con problemas de comunicación.

Objetivo: Promover la capacidad de observación, comunicación verbal precisa y la memoria visual y auditiva a corto plazo.
Materiales: Tela adhesiva, cajas, pelotas, aros, cuerdas.
Desarrollo: Coloque las figuras en el piso. Haga que los niños se sienten en grupos de dos, uno viendo las figuras, otro dándoles la espalda, y así sucesivamente. El demostrador hará una o más "cosas" con una o más de las figuras, por ejemplo: saltitos, vueltas alrededor de una figura, etcétera. Los niños que pueden ver las figuras deben narrar al compañero de espaldas lo que hizo el demostrador y se confirma la exactitud de la comunicación en el momento en que los no observadores tratan de repetir con movimiento lo que les fue comunicado por su compañero.
Los que explican con mayor precisión y los que ejecuten más adecuadamente serán los siguientes demostradores y así se van rotando las funciones.
Variantes: El primer niño dice a un segundo, un segundo a un tercero antes de la repetición de los movimientos.
El demostrador tiene la posibilidad de hacer muchas cosas en muchas figuras para que sea más difícil el problema de la memorización. Los evaluadores confirmarán la exactitud de la imitación.
Se puede sustituir la cinta adhesiva por un camino de obstáculos tridimensionales: llantas, cajas, escaleras, torres, etcétera.

El robot

Señales

Participantes:
Cinco niños o más, entre 4 y 5 años y mayores.

Objetivo: Promover la destreza auditiva, la comprensión del lenguaje, la memoria visual y auditiva a corto plazo y la capacidad para seguir instrucciones.
Materiales: Sillas, mesas, aros, etcétera.
Desarrollo: Se designa a cinco niños como "narradores", "robot", un tercero que tiene que escuchar al narrador pero que no debe ver al "robot", un cuarto que no puede escuchar al narrador ni ver al robot, y un quinto que no puede escuchar al narrador (con los dedos tapándose los oídos, pero que sí puede ver al robot).
El narrador primero pide al robot que haga una serie de movimientos con todo su cuerpo y/o sus extremidades –brazo izquierdo a la cabeza, caminar lentamente hasta la silla– y el robot empleará movimientos mecánicos de cierta rigidez.
Los numerosos problemas que pueden surgir se presentan a los niños, por ejemplo:
Se pide al robot que repita los movimientos en orden.
Se pide al robot que cuente lo que hizo el niño que ni veía ni oía.
El niño que sólo podía escuchar también repite los movimientos en orden.
Después de todas estas actividades el evaluador comprueba su exactitud y se cambian las funciones.

Variantes: El robot puede ser un animal que anda en el bosque haciendo todo tipo de actividades que se irán complementando cada vez más. También se pide a los niños que escriban lo que quieran decirle al robot, o lo que vieron que hizo el robot, o lo que oyeron que le dijeron al robot y que repitan las mismas instrucciones a un nuevo robot, previamente revisadas por el evaluador.

COMPONER Y DESCOMPONER PALABRAS

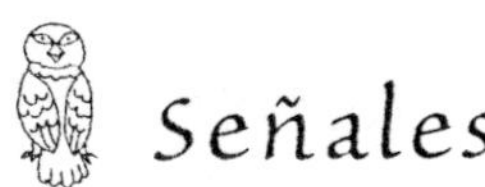

***Participantes:* Un grupo de cuatro a cuarenta niños de 4 años en adelante.**

Objetivo: Desarrollar el análisis del sonido de las palabras, la síntesis dentro de una palabra completa, armonizándolos con la letra y las combinaciones de las últimas; la capacidad para descomponer palabras en sílabas; análisis y síntesis de palabras.
Materiales: Cuadrícula con mayúsculas y minúsculas, tarjetas con minúsculas y pizarra.
Desarrollo: El maestro dirá palabras de dos o tres sílabas, en la cuadrícula los niños saltan sobre las letras de la primera sílaba y continúan saltando hasta formar la última sílaba.
Se forma a los niños en dos filas haciendo dos equipo de relevos; un niño de cada equipo tiene que correr hasta una pila de letras después de haber oído o visto una palabra con el fin de ser el primero en colocar las letras que formarán la sílaba correcta.
Con la cuadrícula del suelo, se pide a los niños que salten sobre la letra o letras que den a una palabra su sonido inicial (por ejemplo la S inicial en salta), la letra o combinación de letras que den a la palabra su sonido final (la A final) y las letras que den su "sonido medio" (en salta: ALT).
Variantes: Los niños se forman en equipos, habrá un "maestro", un evaluador y uno o más "saltarines"; el maestro da una palabra, el evaluador rectificará la exactitud de los "saltarines" para dividir la palabra en sílabas.
Se dan al niño las sílabas de una palabra desordenada y se le pide que las acomode correctamente para formar una palabra. O, también, que busque otras formas de acomodar esos mismos sonidos para formar una nueva palabra.
Los niños tratan de acoplar diferentes sílabas iniciales con distintos sonidos finales saltando sobre la letra de la sílaba inicial correcta en la cuadrícula. Por ejemplo, qué sílabas iniciales iría con TO (GATO), RRO (PERRO), SA (CASA), etcétera.

MAYÚSCULAS Y MINÚSCULAS

Objetivo: Acrecentar la capacidad para categorizar tipos diversos de letras: escritas, minúsculas, mayúsculas; la capacidad para clasificar, para

Señales

Participantes:
Cinco o más niños,
de 5 años y mayores.

transferir, para reconocer características comunes en diseño de letras, discriminar letras.

Materiales: Cuadrículas con letras mayúsculas y minúsculas como lo muestra la ilustración, tarjetas con mayúsculas y minúsculas; pizarra.

Desarrollo: Los niños pueden jugar a "encuentra la letra" y buscar todas las formas de una letra dada, como la D. Se les animará a que escriban todas las formas de la muestra en la pizarra, que salten sobre todas las formas de la misma letra en las cuadrículas y que las encuentren en las tarjetas.

Se pedirá a los niños que, usando su cuerpo, se acuesten o se paren en una colchoneta y que imiten las formas mayúscula y minúscula de una letra. Los niños observadores intentarán "leer" estas letras. Para formarlas pueden usar las extremidades, el tronco, las manos, los dedos, etcétera.

Usando el área del piso, un niño recorrerá la forma de una letra escrita. Los observadores tratarán de adivinar la letra y de buscar otras formas de la misma letra en las cuadrículas o en la pila de las tarjetas.

Izquierda y derecha

Señales

Participantes:
Niños de 5 y 6 años
y mayores.

Objetivo: Acrecentar la conciencia del principio izquierda-derecha en que se disponen las palabras y oraciones; la categorización de puntos de referencia espaciales, vía orientación izquierda-derecha.

Materiales: Cuadrículas, aros y tarjetas con palabras impresas.

Desarrollo: Se realizan algunos juegos de izquierda-derecha con los niños. Suele ocurrir que encontrar las partes derecha e izquierda del cuerpo es lo más fácil. Luego, se colocan objetos a la izquierda y derecha del cuerpo en relación con el espacio (por ejemplo, "acuéstate sobre tu lado derecho", "recarga tu lado izquierdo contra la pared", etcétera).

Una vez que se han llevado a cabo estas tareas correctamente, se pedirá a los niños que salten en la línea izquierda de las letras sobre la cuadrícula, después en la línea derecha. Ahora, de frente a una pizarra, encontrar el lado izquierdo de éste, después el derecho.
Se puede hacer lo mismo con un papel, un libro o línea dibujada.
Se colocan las letras frente a ellos en la pizarra, algunos orientados correctamente en relación al sistema de referencia izquierda-derecha, otro a la inversa. Se les pide que salten en las letras de la cuadrícula que están colocadas incorrectamente (por ejemplo, al revés) sobre la pizarra.
Variantes: Se jugarán relevos con el objeto de ver qué equipo puede componer una oración con palabras individuales escritas en tarjetas.
Un niño sostiene una pila de tarjetas con letras, algunas de las cuales estarán al revés. El niño intentará acoplarlas correctamente con las letras de la cuadrícula saltando sobre ellas. Cuando se encuentre una letra al revés en la tarjeta, se le pedirá que la aparte para más tarde escribirla en la pizarra correctamente.

PALABRAS Y SONIDOS

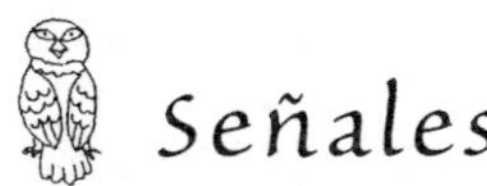

Participantes: ***Seis o más niños, de 6 años en adelante.***

Objetivo: Desarrollar una capacidad para combinar letras y formar sonidos coherentes; el conocimiento de que ciertas combinaciones de letras representan ciertos sonidos; la capacidad para reproducir el sonido de nuevas combinaciones de letras y nuevas palabras.
Materiales: Cuadrículas con letras, tarjetas con palabras, cuadrados más grandes con letras minúsculas, pizarra.
Desarrollo: Un niño salta sobre las letras de las cuadrículas desordenadamente. Las letras sobre las cuales se saltó se ponen en orden en la pizarra. Los observadores tratarán de pronunciar las palabras absurdas que se formen y el maestro podrá insertar vocales para su pronunciación.
Usando una palabra común terminada en ANDO, IENDO, CIÓN, etc., los niños tratan de componer el principio de la palabra saltando sobre las letras de la cuadrícula. La discusión podrá versar sobre si las palabras formadas son "reales" o no.
Las palabras podrán darse verbalmente, y después los niños, saltando en la cuadrícula, tratarán de producir las combinaciones de letras que podrían representar el sonido. Debe empezarse con las palabras con las que los niños estén familiarizados, y más tarde añadir otras menos familiares.
Variantes: Los niños deberán buscar todas las posibles combinaciones de letras que podrían representar cierto sonido o sonidos: saltando en la cuadrícula o colocando letras en una pila de relevos.
Las palabras complejas se dirán con o sin intención de separarlas en sílabas. En seguida los niños intentarán repetirlas vía alguna respuesta física, mientras las separan en sílabas.

Observa, escribe y lee

Señales

Participantes:
Niños de 7, 8 años y mayores.

Objetivo: Acrecentar la comunicación escrita y verbal.
Materiales: Pelotas, aros, cuerdas, palos, bates, etcétera.
Desarrollo: Un equipo inventa un juego, un segundo equipo lo observa y escribe las reglas aparentes, y después las lee a un tercer grupo, que no ha tenido oportunidad de observar jugar al primer grupo. Los evaluadores compararán el juego realizado por el primer equipo, con las características del jugado por el tercero.
El equipo o individuos seleccionados como jugadores, escritores y segundos jugadores rotan posiciones después de cada juego escrito, leído y vuelto a jugar.
Variantes: Se escriben las reglas del juego después de discutirlas con el primer grupo, o sin discutirlas, por ejemplo, basándose sólo en la inspección.
Dos grupos observan el juego y escriben por separado las reglas que observaron, más tarde comparan las distintas versiones del juego.

Añadir y decir

Señales

Participantes:
Niños de 8 años en adelante.

Objetivos: Desarrollar la comunicación escrita, la capacidad para sintetizar y simplificar información, y descubrir relaciones entre juegos y culturas.
Materiales: Conforme se necesiten en el juego.
Desarrollo: Comenzando con un simple movimiento, un niño muestra una acción, con o sin ningún implemento, mientras un segundo niño observa. El último tratará de describir verbalmente lo que ocurre, o de hacer una descripción por escrito de lo que hizo el primero. Así pues, el primero aumenta un componente al primer movimiento mostrado, y el segundo, de nuevo, escribe verbalmente o trata de hacer una descripción por escrito. Esto continúa hasta que, finalmente, el primer niño comienza un juego simple con un tercero, el observador nuevamente tratará de escribir o describir verbalmente lo que ocurrió.
Variantes: Los evaluadores intentarán determinar la exactitud de la descripción verbal o escrita de lo que ha sucedido.
Los niños que no han tenido oportunidad de ver el primer juego deberán ahora jugarlo, basándose enteramente en las descripciones verbales o escritas. Ejecutantes, observadores y evaluadores rotarán actividades periódicamente. Se lleva una puntuación con más puntos para los niños que recuerden o describan juegos cada vez más complejos. El movimiento puede cambiarse a uno más combinado, el complejo a uno más simple.

JUEGOS DE OTROS PAÍSES

Señales

Participantes:
Niños de 7 a 8 años y mayores; niños con retraso en el aprendizaje de 10 años en adelante.

Objetivos: Estimular la comunicación escrita; la capacidad para sintetizar y analizar juegos de otros países y comparar sus características culturales con los juegos nacionales.
Materiales: Especiales para los juegos de otros países conforme se necesiten.
Desarrollo: Los niños, formando equipo de dos o tres miembros, investigan en la biblioteca qué juegos pueden escribirse o explicarse verbalmente a otros miembros de la clase, quienes ya están listos para practicarlos. Cada equipo de "investigadores" presentará un juego al resto de la clase.
Variantes: Los niños más capaces tratarán de analizar las características nacionales de los juegos de otros países y los describen con el fin de que la clase adivine de qué país procede el juego. Los juegos "transnacionales" se compararán con otros similares de su propio país. Se coleccionarán y analizarán "familias" de juegos alrededor del mundo.
Para los niños que conozcan otro idioma aparte del propio, las descripciones del juego pueden escribirse en la lengua extranjera.

JUEGOS EN LA HISTORIA

Señales

Participantes:
Niños de 8 y 9 años, niños con retraso en el aprendizaje de 10 y 11 y mayores.

Objetivo: Desarrollar el conocimiento de la función recreativa y de la actividad física en un contexto histórico; la capacidad para comunicar verbalmente y por escrito; la capacidad de analizar y sintetizar los juegos y las formas del juego.
Materiales: Diversos, parte de éstos se construyen si es necesario.
Desarrollo: Vía investigación en biblioteca, un equipo de tres o cuatro niños busca los tipos de juego que se han jugado en la historia, tanto en su país como en todo el mundo. Las reglas de estos juegos se escriben y más tarde se presentan verbalmente o por escrito a los otros miembros de la clase.
Variantes: Los juegos se identifican con un siglo específico o con un país determinado desde el punto de vista histórico. Los niños investigan qué vestidos o implementos se usaban en esa época y se ve la posibilidad de hacerlos. Un "equipo investigador" escribirá y demostrará una serie de juegos que muestren un curso histórico que conduzca a un juego moderno en la época contemporánea.

CONSTRUYE Y COMPARTE

Objetivo: Desarrollar la comunicación escrita y verbal; su secuencia y el progreso lógico en la comunicación verbal y escrita.

Señales

Participantes:
Niños de 7 años en adelante; niños con retraso en el aprendizaje de 10 años y mayores.

Materiales: Equipo de construcción: cajas, troncos de árboles artificiales, palos sobre los cuales se colocará una lona o papel, etcétera.
Desarrollo: Un grupo de tres o más niños construirán una cabaña, un fuerte, un tipi (choza india), o un proyecto similar, hará planes escritos describiendo los pasos a seguir en la construcción de su "edificio". Un segundo grupo, que no observó la construcción anterior en su desarrollo, utiliza los planes escritos e intentará duplicar el proyecto. El primer grupo de niños, o un tercero, juzgará la exactitud de la descripción escrita, así como la del edificio llevado a cabo por el segundo grupo.
Variantes: Podrán construirse "ciudades" enteras, por ejemplo, pueblos del tiempo de los colonos, aldeas indias. Escribiendo las especificaciones de su construcción en planos, copiándolas y reconstruyendo. Las construcciones se harán coincidiendo con el programa de estudios sociales. Los edificios pueden corresponder y acompañar a los juegos anteriores en los que se describen juegos culturalmente específicos o históricamente oportunos. El equipo inicial de construcción se dividirá en: observadores, escritores, trabajadores, maestros de obras, etc., para que se lleve una bitácora de los pasos de la construcción conforme se vaya realizando.

BAILA Y COMPARTE

Señales

Participantes:
Niños de 6, 7 años y mayores.

Objetivo: Acrecentar la capacidad de entablar una comunicación escrita y verbal lógica y clara; la apreciación de danzas y formas de danza de otras culturas.
Materiales: Conforme se necesiten para cada baile.
Desarrollo: Equipos de tres y cuatro miembros van a la biblioteca para investigar las danzas de otras culturas, países o períodos históricos. Transcribirán las instrucciones de la danza en forma escrita y presentarán estas descripciones verbalmente o por escrito a otros equipos, que intentarán interpretarlas.
Variantes: Los equipos evaluadores determinan la exactitud de las descripciones, o evalúan la calidad del esfuerzo que se pone en la danza.
Los niños pueden comparar los esfuerzos de los grupos de investigación que primero transfirieron la danza a la acción, antes de intentar describirla por escrito, con los grupos que empezaron haciendo lo opuesto.
Las danzas investigadas se hacen en paralelo al programa de estudios sociales. Pueden seguirse históricamente o arreglarse categóricamente. Las formas de la danza pueden relacionarse a características históricas o culturales de los países de los cuales han surgido.

Capítulo 5

Evaluación

Algunos investigadores colocan los procesos evaluativos a la cabeza de sus taxonomías de cualidades cognoscitivas. Más aún, los hallazgos de las investigaciones nos sugieren que existen aproximadamente ocho diferentes capacidades evaluativas y cabe la posibilidad de descubrir cinco más en investigaciones exhaustivas. Guilford opina que la evaluación comprende las suboperaciones siguientes:

1. Comparar pequeñas diferencias antes de clasificar las combinaciones de letras, números, etcétera.

2. Decidir si hay consistencia lógica en afirmaciones verbales y/o escenas presentadas visualmente.

3. Detectar imperfecciones o impropiedades dentro de diversos contextos.

4. Decidir entre varios tipos de información, cuál satisface mayormente un criterio específico.

Algunos educadores interesados en acelerar los procesos cognoscitivos han incluido ejercicios de evaluación en programas para escolares. Los procesos evaluativos se incluyen también en los programas educacionales que fomentan actividades de movimiento. Por ejemplo:

1. Un niño observador se encarga de evaluar la calidad de los movimientos que ejecuta otro como respuesta a proposiciones como ésta: "Dime si Juan hace bien su ejercicio".

2. También es posible evaluar aspectos cuantitativos de las experiencias activas, participando en programas de educación por movimiento: "¿Cuán alto saltó?" "¿Cuántas veces lo hizo?" "¿Cuán rápido corrió?"

3. Además, se estimulan las autoevaluaciones en los programas "de educación por movimiento". Para medir el nivel de aspiraciones y el autoconcepto infantil se pide al alumno que haga un pronóstico de su próximo desempeño en alguna tarea antes de la ejecución. Luego se le permite llevar a cabo la tarea y analizar los éxitos predichos a partir de la tercera prueba.

4. Un niño es capaz de evaluar el éxito relativo en decisiones o respuestas si está dentro de un programa académico que concede lugar específico al movimiento. Por ejemplo, mientras un niño salta sobre la cuadrícula de letras del alfabeto, y las pronuncia, los niños observadores determinan a cuánto ascienden sus aciertos.

Muska Mosston es quien más atención ha puesto a todas las actividades que promueven capacidades evaluativas en los niños. En su libro, *Gimnasia dinámica* (Edit. Pax-México), Mosston sugiere enseñar por medio del "sistema de compañeros de equipo", en que un niño actúa como evaluador mientras que el segundo desempeña las actividades. Este sistema tiene ventajas sobre los métodos tradicionales en los que es el maestro quien dirige, a saber:

1. Una mayoría de estudiantes está ocupada; se pierde poco tiempo esperando turno. El estudiante siempre está activo como evaluador o ejecutante.

2. El autoconcepto del evaluador se amplía particularmente si el maestro trabaja junto con él buscando la ejecución correcta.

3. Cada equipo de dos niños tiene la oportunidad de moverse según sus necesidades y habilidades.

4. El método otorga mayor libertad de movimiento al maestro, que la aprovecha para moverse y observar a toda la clase.

5. El compañero de equipo podrá estimular inmediatamente al ejecutor para que corrija después de cada pequeña prueba y sin tener que solicitar o esperar la intervención del maestro.

A continuación presentamos una variedad de juegos que incorporan componentes de los procesos evaluativos, incluyendo juegos en que el niño ejecutante evalúa sus propias acciones y sus capacidades en relación a otros, y tareas que exigen que el niño evalúe símbolos y cualidades más abstractas por medio de experiencias de movimiento que resultan meramente incidentales.

¿HASTA DÓNDE PUEDES?

Señales

Participantes:
De 2 a 30 niños con edades de 3 a 6 años.

Objetivo: Promover el conocimiento de la capacidad física en actividades seleccionadas; la capacidad para modificar los autopronósticos ante evidencia concreta.

Material: Una colchoneta dividida por marcas en centímetros y que mida 1,50 metro.

Desarrollo: Se pide a uno de los niños que haga un pronóstico de la distancia que espera abarcar en un salto de anchura y que señale su autopronóstico sobre las marcas de la colchoneta. Una vez dado el salto se le pide que verifique su pronóstico con la distancia real alcanzada al saltar; que haga un nuevo pronóstico basándose en su capacidad real y que repita el salto.

Si el grupo de niños es lo suficientemente maduro, dibujarán gráficas que ilustren los pronósticos sucesivos y el porcentaje de la ejecución. Las comparaciones visuales de dos líneas de gráfica se podrán emplear como base para discutir objetivos, aspiraciones, metas vitales, formas de lograr los objetivos y metas, los pronósticos realistas y poco realistas, etcétera.

Si el grupo infantil es aun más maduro y experimentado en el salto de anchura, puede introducirse el objetivo de dar el salto de anchura hacia atrás.

Variantes: Se pueden introducir nuevas tareas empleando el método anterior: distintas actividades de distancia o tareas que requieran de precisión.

Los niños tienen libertad para discutir lo que significan los pronósticos una vez que se logran y su relación a los pronósticos que se alcancen en la ejecución de la tarea.

También se discutirán las diferencias en la ejecución de las tareas, las metas y objetivos, lo que constituye el éxito de una tarea motriz a diferencia de una tarea en la vida.

¿CUÁL ES DIFERENTE?

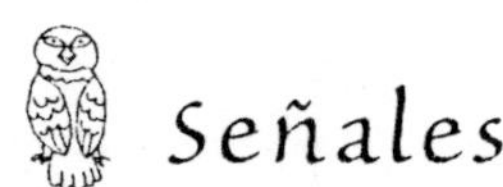

Participantes:
Niños de 5 a 10 años.

Objetivo: Desarrollar la capacidad para determinar consistencia e inconsistencia lógicas en tareas de movimiento; capacidad para evaluar semejanzas y diferencias.
Materiales: Aros, pelotas, cuerdas, varas, colchonetas, piso de gimnasio o césped.
Desarrollo: El instructor ejecuta un grupo de cuatro o cinco movimientos. Ejemplo: salta (con los dos pies) hacia adelante, salta (en un pie) hacia atrás, salta (con los dos pies) hacia un lado, da tres saltos (con los dos pies) hacia adelante y cuatro hacia atrás.
Los observadores deben determinar cuál de las series de movimientos "no armoniza" con el resto. En el grupo anterior podría decirse que todos los saltos son hacia adelante y hacia atrás excepto uno, o tal vez que todos utilizan los dos pies excepto uno.
Los niños ejecutarán otra serie de movimientos, más o menos iguales que los anteriores, después de haber sido planeados por un niño o un grupo de niños. Los observadores nuevamente deberán determinar cuál de ellos no armoniza. El niño o niños que descubra el movimiento distinto podrá planear la próxima serie presentada a los observadores.
Esta clase de procedimiento de evaluación puede transferirse a las partes de la oración, a tipos de palabras, a clasificaciones o evaluaciones de personas, lugares, cosas, edificios, etcétera.
Variantes: El material puede escogerse buscando la forma de hacer más difícil la determinación de las diferencias, por ejemplo, los movimientos que se hacen con el aro no necesariamente deben ser parecidos entre sí.
Los niños tendrán oportunidad de planear su serie de movimientos sobre el papel antes de realizarlos.
En una serie habrá más de un movimiento que sea totalmente diferente de los demás.
Las series pueden acortarse o prolongarse desde dos movimientos hasta seis, de acuerdo con la capacidad que tengan los niños para descubrir las diferencias.
Los niños pueden escribir las diferencias que perciban antes de expresarlas verbalmente.

DIFERENCIAS ENTRE MIS COMPAÑEROS

Señales

Participantes:
Tres niños o más de 6 años en adelante.

Objetivo: Acrecentar la conciencia de las diferencias individuales entre los compañeros de clase; aplicación del concepto de diferencias individuales de la sociedad o subcultura del medio ambiente de los niños.

Materiales: Una cuerda larga de 3 metros aproximadamente.
Desarrollo: Se pide a los niños que den un salto de anchura, primero un niño y luego varios al mismo tiempo, tomando como línea de partida la cuerda. A continuación se discuten las diferencias de capacidad.
Nuevamente se les pide ejecutar el mismo salto pero empleando la cuerda (en línea recta) para fijar la meta. Se vuelve a observar y a discutir las diferencias individuales en el salto y en la salida.
Una vez más se emplea la cuerda para hacer el punto de partida y la meta, de tal manera que todos puedan saltar. La pregunta que cabe plantear a los niños es cómo colocar la cuerda de modo que sirva de salida y meta.

Respuestas posibles: En un círculo para que los niños salten de lado a lado, de circunferencia a circunferencia.
Formando un cuadro o rectángulo para que los niños salten de extremo a extremo. El maestro debe insistir en que las figuras mencionadas no son tan difíciles para muchos niños, y que para otros, en cambio, sí. Sin embargo, continuará haciendo preguntas acerca de cómo podría colocarse la cuerda que sirva como salida y meta con el propósito de que todos los participantes del juego se diviertan (por ejemplo, que represente el mismo reto para todos pero de acuerdo con las diferencias individuales).
Solución posible: Colocar la cuerda en forma de triángulo para que los menos aptos crucen la porción más estrecha, mientras que los más aptos crucen la parte más ancha.

Variantes: Es posible utilizar la cuerda para hacer saltos de altura acomodando el nivel de acuerdo con diferencias individuales, haciendo la transferencia de tareas de salto de anchura a tareas de salto de altura.
Para que los niños se orienten se les pide que dibujen líneas diversas –como una /, o una X– sobre la pizarra, y luego que transfieran a la posición de la cuerda para saltos de longitud o altura.
A partir de los ejercicios de movimiento y las diferencias individuales percibidas se pueden discutir las diferencias en la expresión musical, mecánica y verbal de todas las personas.

COMPAÑEROS

Señales

Participantes: Como mínimo tres parejas de niños de la misma edad y con las mismas capacidades.

Objetivos: Desarrollar la capacidad de juicio ante el desempeño de otros, cuantificar y evaluar la calidad de desempeño de los compañeros.
Materiales: Aros, pelotas, colchonetas, bates, etc.; en gimnasio o campo de deportes.
Desarrollo: Después de discutir las técnicas de evaluación, se coloca a los niños en grupos de dos, se designa a uno como "evaluador" y al segundo como "ejecutante".
La tarea para los ejecutantes es ver si son capaces de idear y ejecutar "seis maneras interesantes de saltar sobre algo, usando cualquiera de los objetos mencionados entre los materiales". Hay que asegurarse de que los niños comprenden que las seis maneras deben ser diferentes entre sí y tan "interesantes como sea posible".
Los evaluadores tienen que hacer dos cosas: 1) contar, y determinar si realmente se dieron los seis saltos, y 2) calificar cada salto a partir de una escala de tres puntos –regular, suficiente, bueno– en relación a cuán "interesante" y "diferente" fue el salto.
Debe asegurarse que los niños entiendan que pueden hacer uso de todo el equipo que está a su disposición, combinándolo a su gusto.
Una vez que los evaluadores observan, califican y anotan, cambian sus funciones con los ejecutantes y el proceso del juego se reinicia.
El instructor debe tener cuidado de discutir el desempeño individual exclusivamente con el evaluador, nunca directamente con el ejecutante.
Variantes: Cuando se trabaja con niños más pequeños, los evaluadores sólo tendrán las tareas de determinar el número exclusivamente; no debe pedirse que califiquen calidad y cantidad al mismo tiempo.
El instructor o el evaluador están capacitados para proponer innumerables tareas, incluyendo carreras, lanzamientos, etc. Otra posibilidad es pedir a los niños que inventen un juego que posteriormente se evalúa de acuerdo con varios criterios que fijen las cualidades necesarias del juego.

¿DE CUÁNTAS MANERAS CORREMOS?

Señales

Participantes: Ni menos de 3 niños ni más de 8, funcionando juntos en grupo; si se desea se organizan más grupos.

Objetivo: Desarrollar la conciencia de las propias capacidades, en comparación con otros; conceptos cuantitativos necesarios para salvar los obstáculos correctamente en una carrera; conciencia de las diferencias individuales en las muchas facetas del comportamiento humano vía la discusión de problemas y sus implicaciones.
Materiales: Un cronómetro para cada grupo y un área de carreras de 27 a 46 metros de longitud con una línea final que fije la meta.
Desarrollo: Todos los niños excepto uno correrán los 27 o 46 metros partiendo del mismo lugar. El observador juzgará quién es el que llega en primer término, segundo y tercero y repartirá los posibles lugares obteni-

dos por los demás niños con la mayor exactitud posible (tal vez se necesite más de un observador).

Algunas preguntas posibles: a) Si continuaran las carreras, ¿ganarían siempre los mismos?

Sí, No. Algunos aguantarían más que otros, depende del descanso que haya entre una y otra carrera; algunos se esforzarán para la próxima...

b) ¿Creen que los que llegan últimos seguirán tratando de ganar?

No, porque se van a sentir desanimados.

c) ¿Cómo podríamos fijar la línea del comienzo y la de la meta para que la carrera sea más corta y todos tengan oportunidad de ganar?

Convertir en diagonal la línea del comienzo o del final para que los menos aptos partan de la punta más cercana hasta la más lejana, y los más capaces corran distancias más largas.

Los niños empezarán en la misma línea pero partiendo con diferentes intervalos de tiempo: los más lentos primero.

d) ¿Cuánto tiempo de diferencia tendríamos que conceder a los más lentos para salir?

Colocar a cada niño en una línea de salida diferente que varíe de distancia en relación a las otras y, sobre todo, en relación a la línea del final.

Variantes: Los niños más capaces se cronometrarán hasta lo más próximo a una décima de segundo en sus primeros intentos de carrera, y luego sus pies al correr en pisadas por segundo que se computan dividiendo la velocidad al correr entre la distancia atravesada, por ejemplo:

$$\frac{90 \text{ pisadas}}{3{,}5 \text{ segundos}} = 25{,}7 \text{ pisadas por segundo}$$

Con esta información las distancias de las carreras se pueden computar para todos los participantes a fin de que todos lleguen a correr, por ejemplo, durante 4 segundos y se compute lo que corren en ese lapso, para saber a qué distancia quedarían de la meta. Para este fin el niño debe colocarse a 31 metros de distancia aproximadamente de la línea final.

ADIVINAR Y PONERSE A PRUEBA

Señales

***Participantes:* Niños de 6 años en adelante; niños con retraso en el aprendizaje de 10 años en adelante.**

Objetivo: Acrecentar la conciencia de la propia capacidad, el concepto de nivel de aspiraciones, la aproximación entre el nivel de las aspiraciones y la ejecución real; el concepto del nivel de aspiraciones en relación con la ejecución "pensada" y la actuada.

Materiales: Una colchoneta marcada con líneas de 2,5 centímetros de ancho.

Desarrollo: Cada niño indica sobre la colchoneta la distancia que cree poder alcanzar saltando hacia atrás.

En seguida el niño verá cuánto se aproxima a la marca que él mismo señaló. Después de que cada niño haya tenido su turno, se discuten las aproximaciones de cada salto individual en relación con las distancias marcadas (nivel de aspiraciones).

Cada niño hará un segundo intento, precedido por un autopronóstico, y más tarde un tercer y cuarto intento.

En la discusión se verá cuán cerca estuvo la ejecución del pronóstico hecho antes del primer intento y los sucesivos; por qué cambiaron los pronósticos, si es que cambiaron, y por qué los niños experimentaron un sentimiento de fracaso o éxito después de cada ejecución.

Variantes: Los pronósticos y ejecuciones se registrarán en una gráfica en forma de curvas de desempeño para compararse.

Se pueden emplear otras tareas desconocidas, por ejemplo, salto de anchura hacia adelante, lanzamiento de pelotas sobre el hombro y atrape con la misma mano, lanzamiento de pelota con la palma de la mano hacia arriba y atrape con la palma de la mano y el brazo rectos, etcétera.

BRAZOS Y PIERNAS

Objetivo: Desarrollar la capacidad de analizar el propio movimiento y el de otros, analizar mecánicas de movimiento, incluyendo el lanzamiento,

la carrera y el salto; la capacidad de aplicar un análisis del movimiento a la destreza deportiva de la autosuperación, percepción de las piernas y los brazos trabajando al unísono en situaciones deportivas.
Materiales: Pelotas, superficie para saltar, una zanja para saltos, un área para correr.
Desarrollo: Comenzar con preguntas: ¿corremos con los brazos o con las piernas?, ¿lanzamos con los brazos o con las piernas?, ¿cómo se puede correr más rápido, moviendo los brazos más aprisa?, ¿los pies más rápido?, ¿cómo se salta, con los brazos o con los pies?
En seguida los niños tratarán de:

1. Lanzar primero sin ninguna acción de los pies, y después con el paso correcto y el cambio de peso sobre el pie contrario al brazo que lanza.

2. Correr lentamente y después aprisa, concentrándose en mover los brazos más rápidamente; tratar de correr más de prisa manteniendo el movimiento de los brazos al mismo ritmo o disminuyéndolo.

3. Tratar de saltar con los brazos en los costados, sobre la cabeza, extendidos hacia arriba; mover los brazos al mismo tiempo que las piernas se extienden y después hacer lo mismo a destiempo. Experimentar y evaluar qué método es mejor.

4. Intentar "técnicas" distintas de usar los brazos al saltar hacia adelante con los dos pies. ¿Cuáles son mejores? ¿Cuál es la mejor? Medir el salto de longitud con los brazos en los costados, sobre la cabeza, extendidos y sin extensión simultánea de piernas.

Variantes: Tratar de formular reglas y principios para realizar movimientos de brazos y piernas en varias actividades. Discutir maneras de mejorar inmediatamente y a la larga, el lanzamiento, el salto y la carrera. Observar a los mejores ejecutantes y a los menos capaces y analizar por qué cada uno se desempeña de tal o cual manera.

Señales

Participantes:
Niños de 5 años y mayores; con niños con retraso en el aprendizaje se empieza a los 7 y 8 años.

Fuerza de piernas

Objetivo: Estimular la capacidad de percibir diferencias individuales en la fuerza de las piernas, y buscar la forma de adaptarse a estas diferencias individuales en una situación de competencia; los principios de adaptación a las diferencias individuales en otras técnicas y capacidades intelectuales.
Material: Pizarra con escalas de centímetros, colgada en la pared y a una distancia de 120 centímetros del suelo.
Desarrollo: Se pedirá a los niños que salten hacia arriba. Después experimentarán varias formas del salto hacia arriba, por ejemplo, con movimientos y sin ellos, lanzando los brazos hacia arriba, o a los lados, o

Señales

Participantes:
Niños de 5 a 6 años en adelante; niños con retraso en el aprendizaje de 8 años.

hacia adelante. En seguida se alentará a los niños a observar el salto de cada uno y a analizar las mecánicas: dónde están los brazos, cuándo se levantan, en comparación con la extensión de las piernas y las diferencias individuales en la altura del salto.
Preguntar a los niños si todos saltan con la misma destreza. Si no, ¿por qué no?
Después se expondrá a los niños la escala sobre la cual se medirá la fuerza de las piernas en el salto vertical. Se pide a los niños que se paren contra la pared, junto a la escala, y que extiendan los brazos hacia arriba; que se retiren y vean si pueden saltar más allá de su estatura y su brazo levantado. Medir en centímetros el grado de poder que cada uno de ellos demuestre.
Variantes: Realizar un juego de matemática restando la estatura más el alcance del brazo a la altura del salto más el alcance del brazo. Discutir cómo podría mejorar la fuerza de las piernas y plantear si ésta depende de la estatura.
Discutir y demostrar cómo la fuerza de las piernas y la capacidad del salto vertical nos sirven en deportes como el basquetbol, voleibol y fútbol.

Impulsa la pelota

Señales

Participantes: Niños de 7 a 8 años en adelante.

Objetivo: Desarrollar la capacidad de análisis de velocidad y dirección de la pelota con diversas partes del cuerpo.
Materiales: Pelotas de varios tamaños, arcos para el fútbol, canastas para basquetbol, tableros, etcétera.
Desarrollo: El objeto de este ejercicio es determinar cómo hacer diversas cosas con una pelota: ¿cuántas formas hay de meter la pelota en la canasta impulsándola desde alguna posición en el área? ¿Cuál es la forma más eficaz: bombeándola, clavándola (con una o dos manos), usando el tablero de la canasta? ¿Hacia dónde debe apuntarse cuando se lanza una canasta?
La pelota de fútbol sirve para medir cómo y de qué manera debe patearse para dirigirla hacia arriba, en línea recta, lejos, etcétera.
Se evalúa el largo del movimiento de la pierna así como el del brazo, previo al lanzamiento de la pelota con relación a la distancia que recorre ésta.
Variantes: Estudiar cómo cambia la velocidad de una pelota cuando la persona que la lanza o la patea corre a su encuentro. También es posible estudiar la velocidad y las distancias cuando la pelota llega al lanzador con alguna velocidad. Se compararán las distancias entre el golpe corto y el largo.

¿Fácil o difícil?

Señales

Participantes:
Niños de 7 y 8 años en adelante; niños con retraso en el aprendizaje a partir de 10 años.

Objetivo: Mejorar la capacidad de evaluar la dificultad de los juegos, evaluar y organizar los componentes de un juego y adaptarlo a las diferencias individuales por edad y capacidad.
Materiales de juego: según se necesite: bases, pelotas, bates, red de voleibol, etcétera.
Desarrollo: El problema que se plantea a los niños consiste en modificar simplemente los juegos con los que están familiarizados. Se explica que las modificaciones pueden hacer el juego más difícil (para los niños más listos y mayores) o más fáciles (para los menores). A continuación damos un ejemplo.

Voleibol
Más fácil: permitir que la pelota dé un pique antes de pegarle; permitir que se atrape con dos manos, antes de lanzarla por la red o a otro miembro del mismo equipo.
Más difícil: debe contestar la pelota por arriba de la red después de pegarle tres veces; sólo el que tiene la mano arriba da el servicio; mantener la mano cerrada en los golpes bajos.
Variantes: Los juegos podrán presentarse a niños mayores o menores, y sus reacciones se observarán en relación a las modificaciones formuladas. Los niños podrán diseñar modificaciones de los campos de juego o implementos que faciliten o dificulten el juego; bajar la canasta de basquetbol, bajar la red de voleibol; hacer la cancha más amplia, etcétera.

Los límites

Señales

Participantes:
Niños de 5 años y mayores; niños con retraso en el aprendizaje de 7 y 8 años.

Objetivo: Acrecentar la conciencia de concepto de una escala de evaluación sobre la cual se colocarán las cualidades de los juegos y otras actividades.
Materiales: Variedad de equipo, además de cajas, escobas, cestos de basura, pelotas, aros, cuerdas de todas clases.
Desarrollo: Un grupo de dos o tres niños inventa un juego usando una o más piezas del material. Se dan las siguientes tareas a otro equipo infantil: Observar y ver si pueden:
1) inventar un juego similar en un espacio mayor o menor,
2) modificar el juego para que se requiera una gran dosis de vigor o para que exija el mínimo esfuerzo físico,
3) diseñar un juego similar que requiera pocas o ninguna regla, o muchas reglas complicadas.

Los observadores-inventores demostrarán los extremos que hayan logrado idear. La discusión deberá girar alrededor del concepto de escala, de continuidad, de medida, de evaluación.

Variantes: Los niños pueden buscar qué otras cualidades de los juegos podrían ampliarse o modificarse, por ejemplo, que requirieran mucha o nada de actividad mental, pocos movimientos, o muchos y diferentes. Los juegos así planeados pueden adecuarse a niños con retraso en el aprendizaje, lisiados físicamente o niños pequeños.

CAPÍTULO 6

Resolución de problemas

Otro importante grupo de cualidades intelectuales se ha denominado "capacidad para la resolución de problemas". Esta categoría es bastante indeterminada y se compone de diversas subcapacidades, dependiendo del autor que se consulte. Esta clasificación, sin embargo, está considerada por la mayoría como el nivel de funcionamiento intelectual "más alto", con referencia a varias escalas un tanto flexibles. Se pueden utilizar diversos métodos para estimular la resolución de problemas en los escolares, por ejemplo, el problema planteado a un chiquillo puede exigirle una *síntesis*, juntar información o movimientos integrándolos de modo significativo y original. Por otra parte, el problema puede plantear un dilema que sólo se solucione mediante el *análisis*, la separación o desmembramiento de un problema o una situación más compleja, con el propósito de extraer su significado. Otros problemas complejos requieren tanto de procesos de análisis como de síntesis en grados variables. En una situación deportiva el jugador debe ser capaz de analizar sus propias debilidades y fuerzas junto con las de su oponente; al mismo tiempo tiene que considerar cómo es que la síntesis de las capacidades y fallas de los compañeros de equipo, aunadas a las suyas, habrán de interactuar en el momento de chocar contra un oponente en la competición atlética.

Otra escala a partir de la cual es posible estudiar los comportamientos en la resolución de problemas es la que mide el pensamiento *convergente* y *divergente*. Un problema puede estructurarse para que haya solamente un número limitado de respuestas correctas, o quizá sólo exista una decisión adecuada a qué apelar. Por otro lado, la intención tal vez sea urgir al estudiante a explorar o inventar un número de respuestas y conclusiones. La primera clase de tareas estimula el pensamiento *convergente*, búsqueda de una o más decisiones posibles; la segunda, requiere lo que se conoce como pensamiento *divergente*, o formulación de muchas resoluciones apropiadas. No obstante, es raro que semejante situación exija un número de respuestas ilimitado o una respuesta única. Por eso es posible construir una escala de donde partir para ciertas clases de problemas relativa al grado de pensamiento divergente o convergente que exige la resolución del problema:

Pensamiento divergente			Pensamiento convergente
(A)	(B)	(C)	(D)

Los ejemplos de tareas dentro de los programas de educación por movimiento que caben en los distintos puntos de la continuidad ilustrada arriba, podrían describirse así:

A) El extremo del pensamiento divergente será útil, por ejemplo, para responder a instrucciones un tanto generales: "Inventa la rutina de una danza".

B) Se esperaría menos divergencia en la forma de la actividad si las instrucciones del ejemplo (A) incluyeran también éstas: "haciendo sólo movimientos con el tronco", o "en un lapso de 4 minutos", o "en un área de 30 metros por 30 metros".

C) Si nos vamos hacia la mitad de la continuidad descrita, podríamos proponer al niño unas cuantas posibilidades "correctas" y decirle: "Encuentra seis modos de moverse sobre una colchoneta", o preguntarle: "¿De cuántas maneras eres capaz de lanzar o tirar una pelota?"; si añadiéramos a la primera instrucción las palabras *hacia otras*: "encuentra seis modos de moverte hacia atrás sobre una colchoneta" la respuesta a esperar será aun más convergente.

D) Algunas situaciones en la resolución de problemas plantean la exigencia de una reflexión extrema, que varios autores describen como la selección de una solución que exige "un solo movimiento"; dichas situaciones imponen un número de condiciones que de satisfacerse permiten al individuo dar una sola respuesta o respuestas dentro de un margen muy estrecho (pensamiento convergente).

Piaget sostiene que existen aun más dimensiones en el comportamiento ante la resolución de problemas, y que valdría la pena considerar el enfrentarse al movimiento como una modalidad del aprendizaje.

1) **Relaciones de posibilidad-realidad.** La capacidad madura para la resolución de problemas, según Piaget, implica el comparar lo que podría ser con lo que es. Este manejo mental de las operaciones puede abordarse sólo en términos concretos y en una etapa temprana de la vida infantil. Así, Piaget estaría de acuerdo con enfatizar los procesos mentales de prueba y error que incluyen algunos de los programas de movimiento en la búsqueda de alternativas para la forma de la acción.

2) **Habilidad creativa.** Piaget también hace énfasis en que el pensamiento maduro y las operaciones de lógica en los escolares suele comprender la reunión de aspectos de la realidad individual, hasta el momento no relacionados. Otros autores llamarían a esta habilidad "pensamiento crítico" o quizá capacidad para sintetizar información. En cualquier caso, si se acepta la validez de esta calidad, se debe ayudar al niño para que obtenga "partes" del total, necesarias para resolver un problema de movimiento, tal vez partes de la secuencia de movimientos que se requieren para recorrer una distancia vertical u horizontal y en seguida dejarle sintetizar las partes colocadas ante él para que las considere.

3) **Flexibilidad.** Piaget también hace hincapié en la flexibilidad del pensamiento lógico como parte de los procesos mentales más elevados. Sugiere, por ejemplo, que cuando el niño se vuelve capaz de desprenderse a sí mismo y su pensamiento de las operaciones concretas, está en posibilidad de volverse más flexible en la búsqueda de soluciones alternativas.

4) **Reversibilidad.** Piaget opina que la capacidad incrementada del pensamiento, observable en estudiantes mayores también les permite percibir la forma de poner en reverso operaciones lógicas y concretas. Los intentos de explotar esta cualidad dentro de programas de educación por movimiento incluirían, por ejemplo: buscar modos de subir y bajar una escalera o formas de moverse hacia atrás o hacia adelante. Algunos juegos que implican cifrar y descifrar sirven para determinar esa cualidad de reversibilidad en los estudiantes que participan.

5) **Teorizar:** descubrir principios. Piaget junto con otros cree que la capacidad para descubrir una regla y la aplicación de su principio en más de una situación constituye un alto nivel de funcionamiento intelectual. En una clase de deportes, prácticas de basquetbol y situaciones semejantes, se puede conducir a los alumnos de tal forma que descubran que los principios de algún juego son aplicables a un gran número de situaciones y no exclusivamente a la inmediata.

¿DE CUÁNTAS MANERAS?

Señales

Participantes:
Un grupo de niños.

Objetivo: Incrementar el comportamiento divergente en la resolución de problemas.
Materiales: Cuerdas, pelotas, aros, varas, colchonetas, etcétera.
Desarrollo: Las instrucciones se dan en relación a cualquiera de los objetos del material y el objetivo es hacer que los niños ofrezcan respuestas múltiples a la finalidad del ejercicio que será el logro de algún movimiento específico: ¿de cuántas maneras puedes moverte en la colchoneta?
Alternativas con los aros: ¿De cuántas formas puedes levantar el aro sobre tu cabeza?, ¿de cuántas maneras puedes meterte en él?, ¿lanzarlo?, etcétera.
Con la cuerda: ¿De cuántos modos puedes saltar sobre la cuerda? ¿De cuántas maneras puedes saltar una cuerda que se balancea?, ¿una inclinada? ¿De cuántas formas se puede lanzar la cuerda?, ¿balancearla?, etcétera.
Con la colchoneta: ¿De cuántas maneras puedes cruzar la colchoneta? ¿De cuántos modos puedes llegar de un extremo a otro de ella?
Con una línea pintada en el suelo: ¿de cuántas formas puedes caminar sobre la línea?, ¿saltar sobre ella?
Variantes: Los niños pueden tomar turnos para ser ejecutantes e inspectores; los últimos contarán todas las maneras que aportaron los otros niños y se encargan de que las formas no se repitan.
La pizarra sirve para hacer una lista o llevar la cuenta de las maneras en que lograron obtener los movimientos esperados.

¿DE CUÁNTAS FORMAS PUEDES HACERLO CON LÍMITES?

Señales

Participantes:
Niños de 6 a 12 años.

Objetivo: Desarrollar el pensamiento divergente con cierta restricción: avanzando desde lo divergente hacia lo convergente.
Materiales: Aros, pelotas, cuerdas, varas, colchonetas, etcétera.
Desarrollo: El propósito de este tipo de juego es moldear gradualmente la conducta relativa a criterios específicos, es decir, obtener respuestas que no sean completamente divergentes sino que contengan un ligero grado de convergencia.
Ejemplos: ¿Podrías encontrar alguna forma de moverte sobre la colcho-

neta hacia atrás? ¿Podrías lograr algunos movimientos hacia atrás con tu mano y pie izquierdos?
¿Podrías ejecutar algún movimiento hacia atrás con tu mano derecha en contacto con el suelo? ¿Podrías encontrar alguna forma de saltar dentro del aro con un solo pie?, ¿o con una manera variada de girar? ¿Puedes lanzar la pelota usando sólo la mano izquierda? Ahora con sólo la palma de tu mano izquierda abierta, etcétera.
Variantes: El maestro se servirá de un diagrama ejecutado en la pizarra por algún niño "observador", que ilustrará que la realización de las instrucciones tiene como resultado el comportamiento adecuado para la resolución de problemas convergentes.
La evaluación del niño determina si los criterios de las instrucciones están siendo incorporados realmente a los juegos o movimientos de los niños.
En seguida, plantear las muchas formas que hay para caminar sobre las huellas poniendo el pie adecuado en la huella correcta.
Yendo al juego "¡¡La reversa!!" o de "Los opuestos" (véanse pp.74 y 75) y una vez recordado el juego "Huellas" del capítulo Categorización (véase p. 40), se regresa a las huellas para que los niños demuestren en qué consistiría el problema del opuesto o la reversa en las marcas de las pisadas.
Respuestas iniciales: Caminar hacia atrás sobre las huellas; empezar por la última huella pero caminando hacia adelante hasta llegar a la primera; invertir el código para que las huellas negras sean el pie derecho y las blancas el izquierdo. Continuará el juego buscándose todas las posibilidades de hacerlas reversibles.
Igual que en el juego "Izquierda y arriba" se invierte el *proceso* que consiste en observar al primer niño que camine o salte, ejecutando las combinaciones que deseen para que luego se coloquen las huellas en el orden observado, indicado por el lugar donde cayó su pie al hacer el recorrido.
Variantes: Huellas de diversos colores indicarán si el movimiento fue hecho con la punta o con la planta del pie.
La finalidad es que logren observar el mayor número de movimientos antes de poner la huella adecuada. Algún niño se encargará de anotar los movimientos en la pizarra dibujando huellas o escribiendo los movimientos en lista.

HAY UN SOLO CAMINO

Señales

***Participantes:* Cualquier número de niños de la edad que sea.**

Objetivo: Desarrollar un comportamiento de resolución de problemas convergentes y decidir bajo ciertas condiciones cuál es el comportamiento adecuado.
Materiales: pelotas, cuerdas, aros.
Desarrollo: "¿Podrías lograr que este aro rodara y regresara a ti en línea recta?"
"¿Puedes hacer un juego con esta pelota y esta cuerda?" La pelota debe pasar por encima de la cuerda mientras ésta se balancea. Sólo dos niños

pueden jugarlo usando exclusivamente la mano izquierda con la pelota. Los puntos buenos se ganan cada vez que logran atrapar la pelota.
En la situación anterior es preferible dar las instrucciones poco a poco, para que las posibles respuestas se limiten, y tengan más oportunidad niños con menor capacidad.
Sin material las posibilidad son ilimitadas. Por ejemplo: "Atraviesa la colchoneta mientras giras con el pie izquierdo y la mano derecha en ella" o "Ejecuta diez saltos sobre el pie derecho dándome la espalda hasta llegar a mí en una línea recta y conservando un ritmo".
Nuevamente se dan las instrucciones una por una o de una sola vez dependiendo de la capacidad de los niños para recordar la información. Las instrucciones se dan verbalmente, se apuntan en la pizarra o se reparten tarjetas escritas claramente.
Variantes: Los evaluadores se encargarán de determinar la conformidad con las instrucciones. Los niños inventarán situaciones de respuesta limitada con material o sin él.

Análisis y síntesis

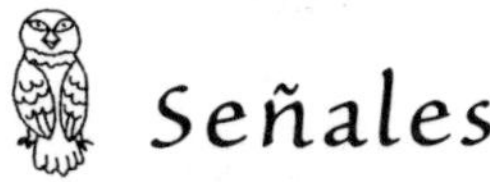

Participantes:* *Escolares entre 5 y 12 años.

Objetivo: Promover la capacidad de análisis y posteriormente sintetizar tareas complejas de movimiento.
Materiales: Variedad de aros, colchonetas, pelotas, cuerdas, etcétera.
Desarrollo: Después de discutir lo que significa analizar y luego "reunir información" o sintetizarla, el maestro presenta a los niños tareas complejas de movimiento que él mismo ejecuta, y escoge a un grupo al que no le permite observar la acción. Por ejemplo, podría saltar sobre la colchoneta en línea recta, primero con un pie y luego con el otro, ocho veces (cuatro con uno y cuatro con otro).
A continuación se pide a los niños que analicen o separen las acciones: ¿cómo describirían la acción en una frase a los observadores?
Respuestas posibles (se permite escribir):

Es una acción alternada.
Es un movimiento sin hablar ni pensar.
Es un movimiento de salto.
Es rítmico.
Es primero una cosa de izquierda y luego una cosa de derecha.
Es un movimiento en línea recta.
Es un movimiento en ocho tiempos.

Luego, con los no observadores, se intenta sintetizar las instrucciones de tal modo que la primera acción demostrada se logre. Posteriormente se da una sola de las instrucciones y se trata de resolver el problema del movimiento ateniéndose a todas las condiciones (el movimiento alternado, la línea recta, los ocho tiempos, etc.). O se dan todas las instrucciones juntas. La resolución se presenta a un solo individuo o al grupo.

Variantes: Las acciones iniciales pueden conjuntarse con algunos de los objetos del material.
Los tanteos que habrán de presentarse inevitablemente en cuanto se dan las instrucciones ofrecen la posibilidad de ahondar la resolución de problemas divergentes. Por ejemplo: "¿Cuántas cosas de seis tiempos puedes ejecutar?" "¿Cuántas cosas hacia atrás puedes realizar?"

¿QUÉ ES UN JUEGO?

Señales

***Participantes:* Cualquier número de niños de todas las edades.**

Objetivo: Ampliar los comportamientos analíticos y la resolución divergente de problemas.
Materiales: pelotas, cuerdas, aros, etcétera.
Desarrollo: El maestro plantea la pregunta "¿Qué es un juego?". Una vez que se obtienen las respuestas el paso siguiente es: "¿de qué elementos está formado un juego?". Trabajando en pequeños grupos los alumnos inventarán juegos o demostrarán, con los juegos conocidos, los componentes de éstos.
El maestro debe estimular a los escolares para que determinen las cualidades que siempre se encuentran en los juegos, aquellas que casi siempre están presentes y otras que sólo lo están a veces. Por ejemplo: casi todos los juegos tienen un principio y un fin, movimientos y algo de ideación, un poco de diversión y cierta regla o reglas. Otros tienen un ganador, son de competencia, emplean equipo, se integran cada dos o más personas, requieren movimientos vigorosos y comprenden reglas complejas. Sin embargo, no todos necesitan de pelotas o implementos, y no siempre hay un ganador o perdedor individual.
La discusión tiene posibilidad de prolongarse durante una semana o más con oportunidades para que los niños analicen los juegos tradicionales o para que inventen y jueguen otros novedosos, relacionados con los componentes que irán integrando en una lista, tomando en cuenta cualidades que descubran.
Variantes: Examinar otras instituciones culturales –el hogar, la familia, el empleo, la ocupación, las recreaciones, las escuelas, las bibliotecas, etc.– para decidir cuáles son, dentro de cada categoría, las que tienen cualidades en común.

¡¡LA REVERSA!!

Objetivo: Desarrollar capacidad para descubrir procesos reversibles en una situación de resolución de problemas; capacidad para cifrar y descifrar estímulos visuales en el movimiento, y viceversa; pensamiento divergente.

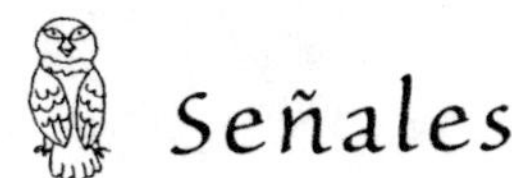

Participantes:
De dos a treinta niños de 6 años en adelante.

Materiales: Piso de madera, cinta adhesiva, figuras geométricas sobre el suelo, pizarra, colchoneta.
Desarrollo: Se presenta a los alumnos un código escrito en la pizarra, cuyos símbolos representan los movimientos; por ejemplo, un 0 significa saltar con dos pies, + significa rol adelante sobre la colchoneta. En seguida se pide que hagan lo que otro niño o el maestro escriban, quienes harán diversas combinaciones con el código en la pizarra. Ejemplo: 00, "Ahora hazlo", o 0++0 "Hazlo" o ++0, "¿Quién puede hacerlo?".
Se pasa a las figuras geométricas tales como un triángulo de cinta adhesiva sobre el suelo, y se les pide que "salten adentro". Ahora el maestro plantea: "¿Cuál es la reversa o acción opuesta a la anterior?".
Respuesta posible: "Saltar fuera del triángulo". Le pide la demostración del salto en reversa.
Regreso al problema del código, en que los 0 y los + representan los dos movimientos ya descritos y se pide a los niños que empleen el código en reversa sobre la colchoneta.
Respuestas iniciales: "Moverse hacia atrás sobre la colchoneta" o "moverse hacia adelante sobre la colchoneta, pero a partir del extremo opuesto" (acciones que deben demostrarse). Llegado este momento, tal vez los niños deseen invertir los significados de los símbolos del código, por ejemplo, + es ahora saltar, y 0 es ahora rol adelante. Cabe decir que todas estas resoluciones son aceptables y debe felicitarse a los niños por haberlas descubierto.
No obstante, hay que presionarlos más; pedirles ahora el reverso de todo el *proceso* con claves adicionales: "¿Qué se hizo primero?".
Respuesta posible: "Nos movimos"; respuesta correcta: "Escribieron + y varios 0 en la pizarra". "¿Qué pasó después?" "Saltamos (o rodamos)".
"AHORA, ¿cómo darían reversa a todo esto?"
Después de mucha consideración, la respuesta factible:
"Primero nos vemos y luego apuntamos los símbolos."
"Muy bien, ahora demuéstrenmelo."
Variantes: Es posible que los niños observen combinaciones más complejas de dos o tres movimientos antes de intentar transcribirlo en la pizarra. Se pueden ensayar más movimientos con su símbolo correspondiente antes de apuntarlos.

LOS OPUESTOS

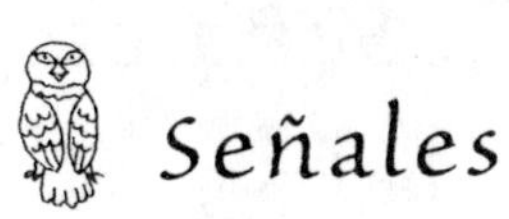

Participantes:
Niños de 6 años en adelante.

Objetivo: Incrementar la capacidad de descubrir procesos reversibles y la capacidad para cifrar y descifrar, flexibilidad, pensamiento divergente, memoria visual a corto plazo.
Materiales: Huellas de zapatos en papel blanco y negro. Las negras representan el pie izquierdo, las blancas el pie derecho; pizarra.
Desarrollo: Coloque las huellas en serie sobre el piso, no necesariamente

alternadas; dos huellas del pie izquierdo pueden estar junto a una sola del pie derecho. Empiece con pocas huellas.

Después de explicar qué color representa a cada pie, pida que los niños caminen sobre las huellas colocando el pie adecuado en la huella correspondiente.

CAMBIO DE CÓDIGO

Señales

Participantes: De 2 a 30 niños de 5 y más años en adelante.

Objetivo: Desarrollar flexibilidad en la resolución de problemas; procesos de cifrar y descifrar, pensamiento divergente.

Materiales: Gimnasio o área de juegos al aire libre, pizarra.

Desarrollo: Usando cuatro símbolos: +, /, 0, X, se forma un código para que cada símbolo represente un movimiento específico, por ejemplo:

+ = salto sobre el pie izquierdo; / = salto hacia arriba con ambos pies; 0 = medio giro saltando; X = arrodillarse.

Para saber cuán bien se ha aprendido el código se escribirán varias combinaciones de los símbolos en la pizarra: //+ +; X/0+, XX//, etc.; los niños deberán realizar los movimientos correspondientes.

El código se escribe ahora dejando espacio entre cada dos o tres símbolos. Se pide a los niños que indiquen los espacios de alguna forma; después de haber ideado posibles modos de interpretar los espacios como dejar un espacio concreto en el suelo, demorar la siguiente combinación, aplaudir entre cada combinación, etcétera.

En seguida viene la parte crítica del problema: conservando los mismos movimientos y símbolos se cambian los significados de tal forma que + ahora signifique saltar hacia arriba, etcétera.

Variantes: Aumentar un número de símbolos para otros movimientos; sustituir los símbolos por palabras: si S significa "salta", ahora se usa una palabra completa "salta" cuando queremos decir "¡salta!". Hacer lo mismo con otros verbos de acción.

REPITE

Señales

Participantes: Niños de 5 años en adelante y niños con retraso en el aprendizaje a partir de los 8.

Objetivo: Aumentar la capacidad de comportarse flexiblemente al resolver problemas; la capacidad para recordar y aplicar un código, y repetirlo a pesar de las interferencias; la habilidad para discriminar diferencias en las relaciones del código de movimiento.

Materiales: Pizarra, colchonetas, pelotas, aros, cuerdas, etcétera.

Desarrollo: Se presenta a los niños un problema de codificación de movimiento que comprende tres símbolos escritos en la pizarra, representando tres movimientos diferentes.

En seguida se emplea un segundo código, utilizando diferentes símbolos y distintos movimientos para cada símbolo.
Después se vuelve a utilizar el primer código, para ver si los niños pueden cambiar rápidamente a las combinaciones de éste. Si se encuentran dificultades se discuten las causas posibles.
Variantes: Emplear más de tres símbolos en cualquiera de los códigos.
Los niños invierten uno o ambos problemas, tal como "leer" los movimientos y después anotar los símbolos más adecuados en la pizarra.
Si se desea, los niños "estirarán" los símbolos, por ejemplo: "C = correr" es igual al acto de correr.

CONFUSIÓN

Participantes:
Niños de 5 a 6 años en adelante; con niños con retraso en el aprendizaje se empieza a partir de los 10 años.

Objetivo: Estimular una conducta flexible ante la resolución del problema; la capacidad para transferir un conjunto mental-motor a otro, una combinación sensorial-motriz a otra, y viceversa.
Materiales: Pizarra, diverso material de juego, colchonetas, área grande para movimientos amplios.
Desarrollo: Se da a los niños un problema de código con los movimientos simbolizados, usando tres o cuatro símbolos. Después se pide que usen los símbolos para representar movimientos distintos.
Una vez que se haya aprendido esta segunda combinación de movimientos en código, se discuten las dificultades encontradas para buscar su explicación.
Para concluir, los niños deben repetir las primeras combinaciones de los movimientos en códigos y nuevamente se discuten los problemas que surjan.
Variantes: Los niños aprenden más de tres conjuntos de movimientos simbolizados en cada ocasión. En la segunda, los niños tratarán de invertir el proceso primero "leyendo" los movimientos y después transcribiendo el código.
Tratarán de determinar cuándo y en qué situaciones –deporte u otros actos de la vida cotidiana– se encuentra este tipo de confusión; por ejemplo, en los momentos en que los padres dicen la misma cosa dos veces pero la segunda significa algo diferente de la primera.
Es posible que los niños relacionen con más rapidez cada vez que se enfrenten a los varios símbolos de las situaciones de resolución de problemas.

MOVIMIENTOS INVERTIDOS

Objetivo: Promover la flexibilidad de conducta en la resolución de problemas; la resistencia a la confusión causada por estímulos similares en situaciones que requieren respuestas de movimiento opuestas.

Señales

Participantes:
Niños de 7 años en adelante; niños con retraso en el aprendizaje a partir de los 12.

Materiales: Pizarra o tarjetas; una gran variedad de equipo de gimnasio y juego, aros, pelotas, cuerdas, aparatos para trepar, colchonetas.
Desarrollo: Se introduce a los niños en un problema de código de movimiento de la siguiente manera: / = salto hacia arriba; 0 = rodada sobre el hombro izquierdo; H = salto largo hacia adelante. Cuando ya esté bien aprendido y los niños puedan responder con rapidez a los símbolos presentados, se cambia el problema para que tengan que ejecutar movimientos contrarios con los mismos símbolos. Ejemplo: / = agacharse sobre la colchoneta, 0 = rodada sobre el hombro derecho, H = salto largo hacia atrás.
Los observadores determinarán la rapidez con que se aprende el nuevo código y en qué momento surgen confusiones en el aprendizaje del segundo código.
Una vez dominados los problemas del segundo código se cambia al primer código por segunda vez.

Ponerse en acción y detenerse

Señales

Participantes:
Niños de 4 y 5 años en adelante.

Objetivo: Promover el conocimiento de principios; aplicación de los principios a varias situaciones; pensamiento divergente; conocimiento de los principios físicos que gobiernan la absorción de energía; impulso de objetos, etcétera.
Materiales: De juego, de todo tipo, pelotas, aros, etcétera.
Desarrollo: Las preguntas comenzarán con: "¿Qué cosas en el patio de recreo se ponen en acción y se detienen?".
Respuestas posibles: Los niños, las pelotas, las cuerdas, las hamacas. "¿Qué otras cosas en el mundo se detienen?" Las actividades de la escuela, los coches, los trenes, las lecciones, etcétera.
Ahora, experimentemos la manera de detenernos. ¿De cuántas formas podemos ponernos en acción? Experimentar con formas diversas, poner de relieve la acción de empujar como un impulso que nos pone en movimiento más aceleradamente (mientras más fuerte el empujón más rápidamente nos ponemos en acción).
Discutir la aceleración; el uso de los brazos cuando se mueven las piernas más velozmente, el correr, etcétera.
Ahora. ¿Cómo nos detenemos? Obsérvense entre ustedes. ¿Cómo podemos detenernos más velozmente? Hacerlos considerar el efecto de bajar las caderas; observar la interrupción del movimiento bajando y sin bajar el centro de gravedad.
¿De cuántas maneras podemos poner en acción una pelota? Demostrar con pies y brazos, etc. ¿Cómo haremos para que la pelota recorra una larga distancia con rapidez? Obsérvense entre sí. ¿Aumenta el arco del brazo o la pierna?, ¿qué pasa cuando una pelota es impulsada con gran fuerza hacia nuestro brazo o pierna?, ¿podemos poner en acción una pelota con otras partes del cuerpo que no sean los pies o las manos?

¿Cómo podemos detener una pelota? Demostrar "el poder para detener" que ejerce una cortina o un muro de cemento o madera cuando se lanza una pelota contra ellos. Aplicar el principio del "muro" a los brazos y manos cuando se atrapa una pelota. Pedir demostraciones de otras formas de parar una pelota.
Variantes: ¿Qué podemos hacer a una pelota para que tome distintos caminos, giros, velocidades, arcos?
Discutir los principios que regulan el movimiento, deteniendo y poniendo en acción a gente y pelota u otros objetos. Hablar de los aparatos mecánicos que permiten crear una aceleración o desaceleración de vehículos, incluyendo los cohetes espaciales.

Agrega otra cosa

Señales

***Participantes:* Niños de 7 años en adelante; niños con retraso en el aprendizaje a partir de 10 o 12 años.**

Objetivo: Promover la capacidad de análisis de los componentes de un juego, sintetizar los componentes de un juego y la flexibilidad para desarrollar juegos.
Materiales: Utensilios de cocina y domésticos: cacerolas, cestos de basura, escobas, etcétera.
Desarrollo: Se da a los niños un objeto tomado de los materiales, o ellos mismos lo escogen. Ahora, tienen que inventar un juego en el que utilicen el objeto seleccionado.
Después se escoge un segundo objeto y se les pide que modifiquen su juego incluyendo el segundo implemento, pero sin perder la forma del juego original.
Se añade un tercer objeto para que crezca el juego, luego un cuarto y así sucesivamente.
Variantes: Se pueden organizar varios grupos de niños trabajando independientemente y, al final, los evaluadores determinarán qué direcciones tomaron los juegos según los distintos ejecutantes.
Otra posibilidad es ir retirando objetos uno por uno y seguir buscando todas las modificaciones posibles sobre la base de una idea inicial.

Aros y blancos

Señales

***Participantes:* Cualquier número de niños de 5 y 6 años, en adelante.**

Objetivo: Desarrollar problemas de pensamiento divergente y convergente; flexibilidad para la resolución de problemas.
Materiales: Pelotas y aros.
Desarrollo: El objeto de la práctica es idear un juego en el que la pelota se lance o pique a través de uno o más aros. Primero se dan las siguientes instrucciones: "Inventen un juego de tiro al blanco".

¿Pueden inventar un juego de tiro al blanco en el que lancen la pelota a través de tres aros sostenidos en posición vertical? ¿Pueden inventar un juego de tiro al blanco en el que los aros se sostengan a la altura de la cabeza y la pelota se lance o pique a través de los tres? ¿Otro en que la pelota pique dos veces a través de un aro colocado horizontalmente además de atravesar uno o dos en posición vertical?.

¿Uno más en el que la pelota pase a través de tres aros juntos en posición vertical pero colocados de tal modo que sea muy difícil atravesarlos?

Variantes: ¿Puedes inventar un juego en el cual se usen cuatro aros como blancos? ¿Otro en el que los aros se coloquen en tres planos distintos y la pelota deba atravesarlos?

PISTA DE OBSTÁCULOS EN REVERSA

Señales

Participantes:
Niños de 5 y 6 años, en adelante; niños con retraso en el aprendizaje a partir de los 10 años.

Objetivo: Acrecentar la capacidad de invertir una situación en la resolución de un problema; la flexibilidad para percibir nuevas instrucciones y aplicarlas a tareas de modificación del movimiento en una situación similar a otra.
Materiales: Para construir una pista con obstáculos: barreras, barriles, cajas, blancos.
Desarrollo: Un niño (o un equipo de niños) construye la pista con el material, y después pasan por los obstáculos como gusten.
Los niños observadores tienen que invertir la carrera pero el maestro señala que hay varias formas de "invertir" el problema.
El concepto de "reversa"o "hacerlo al revés" tendrá que darse en un contexto más simple para los niños menores, por ejemplo: "Salta en el círculo". "Ahora ¿cuál es lo contrario de esto?" "Salta fuera del círculo."
La variedad de formas en que este problema se invierte debe ser evidente para la mayoría de los niños, quienes podrán realizarlos según sus propias resoluciones: pasar por los obstáculos en dirección opuesta, invir-

tiendo el orden de los obstáculos, corriendo en la pista hacia atrás, o quizá invirtiendo los movimientos (o haciéndolos en forma contraria).
Variantes: Los niños trabajarán en una pista de obstáculos bidimensionales, en la que las figuras estén dibujadas o marcadas en el piso. Es válido emplear aparatos para trepar.
Se presentan otras situaciones mentales en las que haya que buscar una resolución inadvertida, y relaciones entre medios y fines.

ELIGE LAS REGLAS

Señales

***Participantes:* Niños de 6 años en adelante.**

Objetivo: Promover la capacidad de aclarar y sintetizar reglas en la "totalidad" de un juego.
Materiales: Pelotas, aros, cuerdas, etc.; por lo menos 12 tarjetas con una regla diferente en cada ficha, con frases como: "anotar un punto por saltar", "límite de tres lanzamientos", e instrucciones similares.
Desarrollo: Se pedirá a los niños que seleccionen dos o tres fichas de una caja. A continuación se les pide que inventen un juego en el que "vayan bien" las reglas que seleccionaron.
Los niños que actúen de jueces determinarán si el juego inventado armoniza verdaderamente con las reglas escogidas.
Variantes: Se pedirá a los niños que elijan una regla e inventen un juego que se base en esa sola regla; después seleccionarán una segunda para que se modifique el juego; una tercera y el juego se vuelve a modificar.
Ahora los niños eligen 5 reglas e inventan un juego que utilice por lo menos 3 de ellas.
Un grupo de niños escoge tres reglas e inventa un juego con sólo dos; los observadores determinan cuáles dos de las tres reglas estuvieron presentes en el juego.

ANALIZA Y CAMBIA

Señales

***Participantes:* Niños de 6 a 12 años.**

Objetivo: Desarrollar la capacidad de análisis de una conducta compleja; de reformar componentes para crear un todo nuevo; la capacidad para la resolución diferenciada de problemas.
Materiales: Adecuados para juegos infantiles conocidos: pelotas (grandes y chicas), bates, cuerdas, etcétera.
Desarrollo: Se pide a los niños que observen un juego infantil conocido como "voleibol" o *kickball*.
En seguida se pide que lo analicen en sus partes componentes: "Voleibol" significa pegar a una pelota lanzándola por encima de una red, servir la pelota evitando que pegue en el suelo, pegarle con la mano abajo, o con

las manos arriba, etc.; *kickball* significa patear una pelota, correr de base en base, atraparla y pegarle en el aire o rodarla por el suelo, etcétera.
Ahora los niños deben tomar las partes componente del juego y arreglarlas o cambiarlas para desarrollar un juego que deberá tener todas o la mayoría de las partes del juego original, y, sin embargo, mostrar características diferentes.
Variantes: Podrá omitirse un elemento del juego original e introducir uno o dos nuevos, y así sucesivamente hasta que el juego cambie por completo. Se modifica según las edades y capacidades.

Combina y cambia

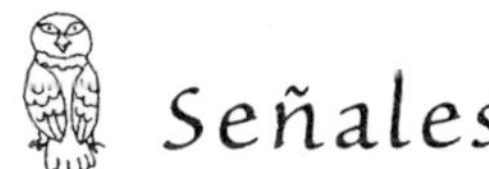

Participantes:
Niños de 7 y 8 años en adelante; niños con retraso en el aprendizaje a partir de los 10 y los 12 años.

Objetivo: Promover la capacidad del niño para sintetizar partes de un todo; para analizar un todo en sus partes; para lograr el pensamiento divergente.
Materiales: Equipo para juego: pelotas, latas, cuerdas, aros, colchonetas, etcétera.
Desarrollo: Se pide a los niños que analicen las partes de un juego complejo que hayan inventado, o las de uno conocido.
Después tienen que combinar las partes de dos o más juegos e integrarlas en uno diferente.
Los evaluadores juzgarán hasta qué grado se ha creado un nuevo juego y hasta dónde se conservan las partes de los otros.
Variantes: Los niños seleccionarán partes de 4 juegos, ya sean conocidos o inventados para formar un nuevo juego, por ejemplo: el voleibol y el *soccer* se mezclarán y así los niños patearán la pelota en la cancha de voleibol.

Lo nuevo con lo viejo

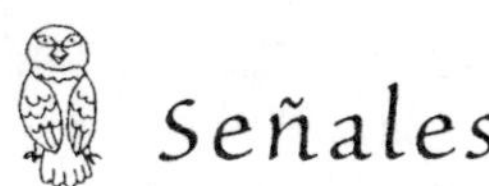

Participantes:
Niños de 6 a 12 años.

Objetivos: Desarrollar la capacidad de investigación en bibliotecas; para analizar y sintetizar; crear algo nuevo con partes conocidas, pero no previamente relacionadas.
Materiales: Pelotas, bates, música; referencia de biblioteca.
Desarrollo: Se pide a los niños que vayan a la biblioteca, individualmente o en grupo, y que encuentren juegos que se hayan jugado en la historia, ya sea en su país o en otros.
Posteriormente combinan el viejo juego con uno actual y conocido.
Los evaluadores juzgarán la calidad del juego investigado y la creatividad infantil conforme el juego surja de la partes viejas y nuevas.
Variantes: Los niños descubrirán más de un juego antiguo y lo combinarán con las partes de otros juegos ya investigados.

Los evaluadores y ejecutantes alterarán sus funciones cada vez que los juegos se muestren y combinen.
Se harán modificaciones adecuadas con niños menores o mayores, tanto en los juegos nuevos como en los históricos.

NACIONES UNIDAS

Señales

Participantes: Niños de 8 y 10 años en adelante.

Objetivo: Desarrollar la capacidad de investigación en bibliotecas; sintetizar y analizar; flexibilidad al resolver problemas.
Materiales: Diversos de juego y gimnasia.
Desarrollo: Con la investigación que realizaron (o por medio de contactos con personas extranjeras), los niños deben ser capaces de descubrir y poner en práctica los juegos de otros países para poder juzgarlos.
Estos juegos se analizarán en sus partes componentes y se compararán con juegos nacionales.
Los juegos extranjeros podrían combinarse para formar otros enteramente distintos o combinarse y modificarse con los juegos conocidos.
Variantes: Es válido ambientar los juegos conocidos o extranjeros con música de fondo adecuada.
Otra posibilidad es combinar juegos históricos con juegos extranjeros.
Se estudian los juegos extranjeros dentro de un marco de características pertenecientes a ese país.

CAPÍTULO 7

Reglas lógicas para juegos infantiles

Una de las formas más fructíferas para estudiar la interacción de la actividad mental con la corporal consiste en observar la manera en que los niños inventan, conducen y juegan un juego sin dirección o intervención adulta.

En los últimos años, se ha vuelto muy popular un tipo de frontón a mano en las escuelas primarias de Los Ángeles. Para el juego se emplea una pelota grande de goma de aproximadamente 20 cm de diámetro que se lanza contra un muro de cerca de 4 m de ancho por 3 de alto. Se puede golpear la pelota con una o ambas manos, y, al contrario del veloz frontón adulto, se permite que la pelota golpee el suelo después de rebotar en la pared, pero además, se golpea nuevamente para que toque el suelo por segunda vez antes de volver a lanzarla contra el muro. La puntuación se anota a partir de que la pelota rebote dos veces antes de que la golpee un jugador, o si pica dos veces después de golpearla y antes de volverse a estrellar contra el muro.

La importancia del juego no radica únicamente en su popularidad sino que es un juego de genuina creación infantil. Es imposible encontrar las reglas dentro de las guías de programas escolares. Casi todos los maestros de las escuelas que visité habían escuchado expresiones específicas que gritaban los niños mientras se entregaban al juego, pero tenían sólo una vaga idea y a veces ninguna de la naturaleza de las reglas.

Gracias a su experiencia y a sus intentos de prueba y error, los niños han desarrollado, en el transcurso de los años, ingeniosas modificaciones de las reglas, que tienen variados efectos en el juego y sus participantes.

1. Puede participar un número ilimitado de niños en el juego, ya sea como espectadores, formados para jugar, o como jugadores de planta

2. La competencia se maximiza conforme se reducen a un mínimo las diferencias de habilidad individual entre los jugadores.

3. Las reglas permiten una gran cantidad de comportamiento intelectual, verbal y "alegador", que se incorpora a los componentes de capacidad motriz. Las disputas durante el juego son frecuentes.

Reglas y términos

El número de reglas que han desarrollado los niños para este juego es interminable. La lista que damos a continuación incluye solamente algunas. Asimismo, los términos y expresiones empleadas varían de escuela a escuela.

1. **Bebés:** Cuando la pelota se golpea de tal forma que el rebote se dé cerca del muro evitando o haciendo difícil el regreso (contestación).
2. **Cruzada de campo:** Cuando se golpea la pelota de tal manera que tome un camino lateral a través del área de juego, de izquierda, a derecha, a izquierda, haciendo difícil el regreso.
3. **Línea de fondo:** Cuando se golpea violentamente la pelota, para que al rebotar cruce la línea final picando alto y haciendo el regreso difícil o imposible. Se denomina fuera de línea cuando ocurre lo mismo pero sobre una de las líneas laterales.

4. **Americana:** Cuando se golpea la pelota para que haga un pique intermedio antes de golpear el muro. A veces se aplica el mismo término a una pelota que rebota del muro sin un pique intermedio.

5. **Rebote:** Cuando la pelota viaja en un ángulo de 45 grados y golpea el muro y el piso simultáneamente y, finalmente, rebota cerca del muro.

6. **Rebanadas**: Cuando se golpea la pelota con el fin de que gire excesivamente haciendo difícil o imprevisible el regreso.

7. **Cataratas:** Cuando se lanza la pelota haciendo un gran arco; golpea el muro, se resbala por éste verticalmente, rebota en línea recta cerca del muro y por lo tanto hace el regreso difícil o imposible.

8. **Sobre el muro:** Cuando la pelota servida pasa encima del muro; la puntuación se anota contra el que la sirve.

9. **Bloqueo:** Cuando uno de los jugadores "interfiere" o bloquea el camino de otro que está tratando de regresar una pelota.

10. **Elefante rosa:** Cuando un niño llega al primer lugar de la fila, le pueden pedir que corra entre el jugador que va ganando y el muro, mientras se lanza la pelota contra él. Si lo golpea, pierde su turno de jugar y vuelve a hacer cola.

11. **Set:** El número de turnos a que tiene derecho cada jugador (atrapar o parar, sostener y volver a pegar a la pelota) durante cualquier partido. El número de turnos se acuerda antes de comenzar el juego, y el que lo anuncia es el primer jugador que "golpea" el suelo con el pie y dice: "dos turnos" o "tres turnos", o el número de turnos que se haya acordado. La forma en que se juega la pelota en un turno o set se decide por anticipado. Después de atrapar la pelota, el jugador puede lanzarla normalmente, es decir, sosteniendo la pelota con una mano y golpeándola con la otra o lanzándola al aire y golpeándola con las manos unidas.

12. **Autotiro:** Si todos están de acuerdo, el jugador puede servir la pelota a sí mismo y regresarla al muro antes de que la golpee su oponente.

13. **Trampa:** Si se acordó así, cada jugador tiene derecho a todos los sets (turnos) que desee durante el partido.

El juego en acción

Armados con el conocimiento de los términos, vamos a ver cómo se lleva a cabo un partido, se modifica o se disputa y, en última instancia, cómo se manipula de acuerdo con los varios contextos relacionados con sexo y edad.

Casi todo el juego se hace entre dos jugadores, el primero pone las bases y sostiene un partido a un punto con el segundo jugador. Los jugadores que esperan formados entran al partido uno por uno y sólo después de que alguno de los primeros participantes queda eliminado. Casi nunca tiene que hacer "elefantes rosa" para entrar al juego.

Los niños que esperan rara vez lo hacen en silencio, porque se dedican a estimular a los jugadores y les recuerdan las reglas acordadas al principio conforme se presentan situaciones específicas.

Las reglas que gobiernan el partido se sacan de dos maneras. Un cierto número relacionado al escolar, sexo y tipo de cancha ya es muy familiar para todos; pero otro número flexible tiene que acordarse, como en el caso de trampa o discutirse, en el transcurso del partido.

Si se les deja a su criterio, los niños escogen, por lo general, un partido de uno contra otro para ir eliminando jugadores. El director de la escuela puede organizar campeonatos después de las horas de clase, pero casi siempre los niños los rechazan hostilmente o con indiferencia.

Modificaciones según sexo y edad

El aspecto más interesante de este juego es cómo se modifica para adaptarlo a los distintos niveles de destreza y necesidad, según la edad. Por ejemplo, los niños de tercero y cuarto año frecuentemente juegan con más reglas, consideran tiradas "buenas" las pelotas que se lanzan o rebotan en forma difícil de contestar. Además, en sus juegos, los *rebotes* las *cataratas*, las *líneas de fondo*, las *rebanadas* y los *bebés* no valen; si llegan a ocurrir, el juego debe volver a empezar con nuevo saque.

Gradualmente, el niño se vuelve más experto y elimina toda regla que facilite el juego. Llegan a desdeñarse estas reglas, más tarde, al llegar al quinto y sexto año. La mayoría de los niños con que hablamos estaban conscientes de las diferencias generales en cuanto al nivel de fuerza y destreza de los niños y niñas en los últimos años de la EGB; y una vez más los juegos se facilitaban para las niñas introduciendo las reglas ya descritas. Es muy probable encontrar que un partido para las niñas de quinto año tiene más reglas facilitadoras que las que puede tener un mismo partido de varones en el mismo año escolar.

Por otra parte, no siempre se efectúa una estricta división por sexos. Al contrario, mientras más capaces son las niñas de sexto año, buscan más partidos en que los niños de quinto participen con el fin de que la competencia represente un reto mayor; pero casi siempre los partidos son mixtos.

Implicaciones para el desarrollo de experiencias significativas de juego

Parece ser que, debido al hecho de haber ido desarrollando este singular juego de pelota a lo largo de un período considerable de tiempo, o gracias a la ingenuidad infantil en situaciones dadas, el juego sirve a un número de necesidades: es activo, requiere de fuerza al golpear la pelota, estrategia y empleo exacto de sus reglas internas.

Más admirable es su variabilidad para acomodarse a diferentes niveles de dificultad según la selección de reglas "facilitadoras"; lo que significa que el partido simple lo juegan niños de 7 a 8 años, y el mismo juego, un poco más elaborado y modificado, sirve para divertir a niños de 10 a 12 años.

Otro hecho notable es que ningún adulto se lo enseñó a jugar ni sus bases están comprendidas en las guías de programas escolares. En cambio, en las escuelas donde llevamos a cabo nuestras encuestas, lo más común era que si los maestros llegaban a molestarse por enseñar algún juego a sus alumnos, casi siempre eran maestros de primero y segundo año, lo que implica que sus juegos tenían *mínimas posibilidades* de practicarse en los años restantes de la EGB. Los escolares tendían a adoptar juegos practicados por sus compañeros porque siempre quieren jugar aquello que es valioso para los mayores, y parecen no sentir gran interés en los juegos comprendidos dentro de programas escolares, preparados con mucha anterioridad, y por gente que, en general, no está en contacto con las necesidades y deseos de los niños de nuestra época.

En los primeros años escolares los niños tienden a desarrollar rápidamente una necesidad de imitar lo que hacen sus compañeros mayores; en este caso particular, apenas pueden esperar el momento en que serán capaces de jugar esta versión de frontón a mano o al menos una simplificada. No repiten, y apenas toleran, los juegos que introducen sus maestros, quienes, en su mayoría, no tienen ninguna familiaridad con el tipo de juegos de los niños mayores y mucho menos con sus complejos sistemas de reglas.

Es muy común observar que los niños cuyas capacidades motrices están menos desarrolladas se acercan al frontón de mano desde una perspectiva diferente y a menudo funcionan más como árbitros que como jugadores; su actitud constante consiste en discutir las reglas y su interpretación, que aparentemente sí aceptan los que están jugando. De hecho, los árbitros parecen disfrutar con sus diálogos gritados; por eso el juego colma las necesidades intelectuales de estos niños y gratifica las de movimiento de los otros.

Parecería que la forma en que este juego infantil ha surgido y se manifiesta ofrece varios principios para el desarrollo y expansión de experiencias de movimiento.

1. En vez de crear juegos de reglas rígidas, podría intentarse la creación de algo que se denominaría "modos de juego", que guiaría a los alumnos a experiencias de movimiento con flexibilidad. Por ejemplo, el concepto de carreras de relevo podría introducirse, como lo vi en una escuela, donde el vigor empleado y la multiplicidad de los relevos era increíble.

2. Una amplia gama de formas atléticas se puede introducir después de una discusión que permita a los niños diferentes niveles de capacidad al participar en conjunto o por separado.

3. Los encargados de inventar los juegos serían aquellos niños que permitieran, y de hecho estimularan, la discusión. Tal vez un juego con constantes cambios del reglamento, ya sea durante el desarrollo del partido o en los períodos de descanso, sería lo más divertido. Así, las necesidades de los "árbitros" y las de los "participantes auténticos" quedarían satisfechas. Si las cosas se prevén adecuadamente para que tengan cabida las discusiones y modificaciones del reglamento, habrá menos animosidad entre los niños cuyas necesidades se centran en participar activamente en el juego y los que disfrutan el "juego" verbal durante el partido.

4. Lo que es más importante: los individuos que se sienten interesados en

crear programas de educación física significativos para los pequeños *no deberán* comenzar con planes preconcebidos sino observar lo que los niños más grandes desean hacer para satisfacer sus necesidades de movimiento. Por lo tanto, los maestros deben tratar de preparar a sus alumnos más pequeños para los juegos que, inevitablemente, van a jugar como resultado de su necesidad de imitar a sus compañeros mayores.

En conclusión, podría aconsejarse a los planificadores de programas de estudios y a los maestros sensibles que, mediante formas operacionales, aceleren el desarrollo de juegos que favorecen el desempeño físico para que sobrepasen el período de evolución, al que es aparentemente necesario llegar para poder participar en el interesante y popular frontón infantil. En el desarrollo de las formas de juego, se deben enfatizar los principios de modificabilidad, de flexibilidad de las reglas y de adaptación a necesidades de discusión que tendrían que quedar satisfechas en situaciones que exijan una mayor variedad de respuestas físicas que las del juego descrito.

CAPÍTULO 8

Revisión y aplicaciones

Ahora haremos un breve repaso al modo en que se emplearían los juegos ingeniosos y el tipo de niño que se beneficiaría practicándolos. Al igual que cualquier sugerencia que se aparta de los caminos escolares tradicionales, su éxito depende de la aceptación total del maestro, de una comprensión absoluta de los objetivos perseguidos en cada juego y de la creatividad necesaria para propiciar las condiciones y técnicas que introducen lo novedoso dentro de una situación de aprendizaje. El maestro que carezca de creatividad o que no se comprometa, por lo menos ocasionalmente, a intentar alguna innovación (aceptando que antes sus proposiciones no eran 100% correctas) tiene muy pocas probabilidades de éxito en el contexto ya descrito o en casi cualquier tipo de atmósfera de aprendizaje.

¿Cómo practicarlos?

Los múltiples juegos descritos en los capítulos 2-6 no están sujetos a ningún análisis experimental detallado porque proceden de la revisión de la literatura relativa a las capacidades intelectuales, junto con un estudio de las clases de actividades físicas que podrían emplearse para estimular a las primeras; no obstante, para que las actividades sean eficaces el maestro debe partir de ciertas guías.

Es muy importante que los maestros no se enfoquen exclusivamente sobre la conducta motriz de los niños participantes, sino en la naturaleza de la cualidad intelectual que pretenden desarrollar. Además, los instructores han de apoyarse en medios tanto pasivos como activos para lograr que el niño use las capacidades intelectuales señaladas. Así pues, en una lección que trate el concepto de las diferencias individuales, este se debe discutir con los niños antes de la acción. Es aconsejable estimularlos para que verbalicen y ejemplifiquen diferencias individuales y se expresen en otras formas que no sean la acción manifiesta.

Para citar otro ejemplo, la dinámica de la lección sería descubrir lo que significa el pensamiento divergente. El logro del objetivo se propiciaría mejor con una discusión que revelara situaciones vitales en las que el pensamiento divergente es el adecuado, por ejemplo: al componer una canción, al crear campañas de publicidad con el fin de vender productos o dar instrucciones para preservar el equilibrio ecológico de un bosque cercano. En cuanto la mayoría de los niños empieza a captar el concepto de pensamiento divergente es posible conducirlos a uno o más ejemplos de movimientos que les hagan observar lo que significa inventar numerosas resoluciones en una situación problemática. Así, algunos de los niños estarán más armados para conceptualizar la idea de pensamiento divergente. A un tiempo, este "actuar hacia afuera" diversas operaciones conceptuales permite al maestro determinar el grado de captación del concepto por la clase. Después de una participación activa hay mayor posibilidad de discusión que necesariamente desembocaría en otras facetas del comportamiento ante la resolución de problemas que se ampliaría y se conduciría a todas las posibles direcciones. Por ejemplo, se puede estudiar cómo algunos juegos de nuestra cultura estimulan, hasta cierto punto, capacidades intelectuales; lo que se aplica en el momento de pedir a los niños que creen juegos que ilustren la capacidad que se está considerando. Veamos en forma gráfica el modo en que la discusión desemboca en juegos activos que a su vez conducen a más discusión y por fin a experimentar nuevos movimientos:

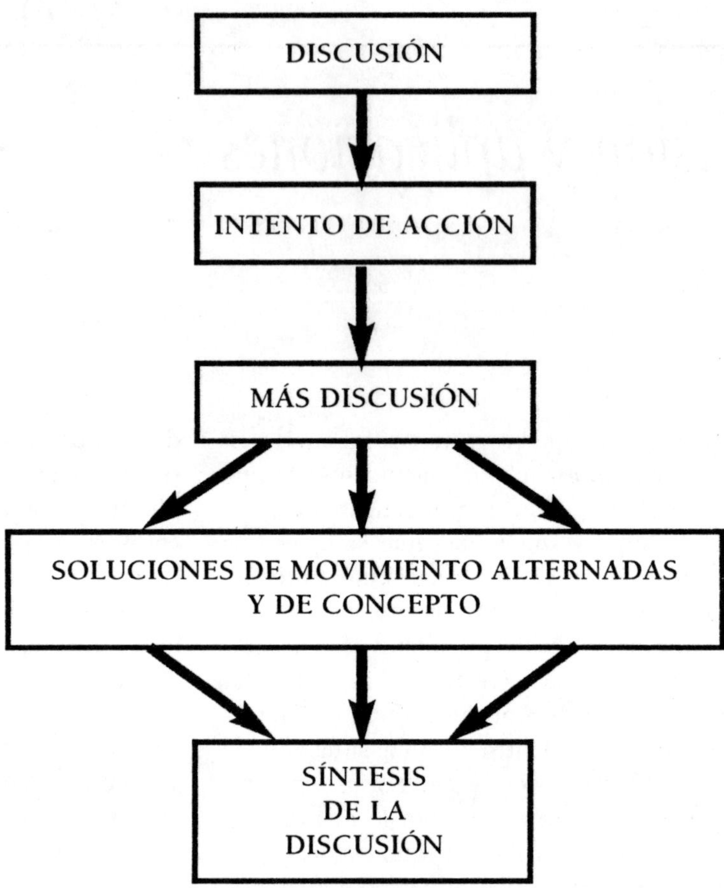

¿Para quién?

Tomemos en consideración los varios tipos de niños para quienes se adecuarían los "juegos ingeniosos". Es evidente que el niño pequeño los viviría como modos felices y útiles de ejercitar miembros y mente. Aun los niños de nivel inicial, si las actividades se nivelan con cuidado y se selecciona el vocabulario adecuadamente, habrán de divertirse descubriendo las modificaciones por hacer o nuevas soluciones y aplicaciones.

Indiscutiblemente se requiere gran cautela al introducir a niños con retraso en el aprendizaje a las actividades propuestas en este texto. Debe empezarse por no resultar amenazante con los niños, quienes quizá ya han sufrido frustraciones y fracasos serios. Los juegos de cierta naturaleza deben ser experiencias útiles y de ningún modo han de convertirse en confirmaciones de su "inferioridad" por ser menos capaces para ejecutar su capacidad cognitiva.

Es necesario exponer a todos los niños a un "conjunto" de tareas que conlleven éxito y esfuerzo. Si damos sólo tareas que encuentre sencillas, el niño no tiene posibilidades de crecer física o intelectualmente. Por lo tanto, el niño con problemas de aprendizaje –por impedimento físico, mental y/o emocional– se sentirá amenazado y abrumado ante una tarea demasiado difícil e inmediatamente sentirá deseos de replegarse o no intentará nada en absoluto; el niño capaz luchará y alcanzará sus metas ante las dificultades físicas o intelectuales de las tareas pero se aburrirá con la práctica reiterativa de las mismas y llegará a sentirlas poco importantes comparadas con sus metas inmediatas. En el mismo caso es muy probable que el niño sin dificultades pero menos apto ni siquiera intente aquello que perciba como demasiado difícil y que tampoco realice lo demasiado fácil porque le resulte humillante.

Estudios de Escandinavia, además de observaciones expertas sobre desarrollo infantil en los Estados Unidos, apoyan las opiniones que piden más actividad mental (reflexión) en los juegos dirigidos a niños dotados. Los datos que aportan las investigaciones en Noruega nos dicen que solamente cuando los juegos infantiles se vuelven un reto intelectual los niños más brillantes desean participar en ellos durante su infancia tardía. Al contrario, en los tempranos años escolares es cuando se hace evidente la división entre niños más capaces intelectualmente pero más pasivos, y entre los más activos pero menos cerebrales.

Inclusive se ha podido notar que los niños ubicados en sociedades "avanzadas" y privilegiadas prefieren juegos que exigen esfuerzo intelectual y desprecian aquellos que ofrecen poco o ningún reto intelectual. Los niños que se encuentran en culturas más sofisticadas se dan cuenta muy temprano de las cualidades que mejor les servirán en la edad adulta. Aun los menos perceptivos aceptan que es el cerebro y no el músculo el encargado de sus logros vitales del futuro. Por eso, en todas las culturas, consciente o inconscientemente, los niños escogen los juegos que exigen atributos que más tarde les serán preciosos.

Sobre todo en las sociedades modernas, los niños necesitan del movimiento para dar un mantenimiento adecuado a sus cuerpos. Existen algunas enfermedades asociadas con la degeneración de procesos corporales y que aumentan cada vez más entre los jóvenes, incluyendo el ataque cardíaco, las úlceras estomacales y desórdenes músculo-circulatorios.

Parecería sensato que en estos conglomerados modernos cuyos ambientes y valores fomentan una precaria ejercitación del cuerpo, se integraran actividades de la mente y el cuerpo en una misma materia. Creemos, por ello, que todos los juegos descritos en este libro deben considerarse meticulosamente si se quieren emplear en la enseñanza de niños sin dificultades y superdotados.

Usos adicionales

También podemos extender las actividades individualmente o en grupos, construyendo una prueba de inteligencia considerablemente "libre" de influencias culturales, como el intento de Stanley Porteus hace varias décadas y que consistía en pruebas de laberinto a lápiz.

Los juegos activos se pueden emplear como una recompensa o actividad para descansar dentro del horario escolar, que frecuentemente es opresivo para los niños con gran necesidad de actividad corporal. También caben en las clases de gimnasia y educación física, alternándolos con los ejercicios más tradicionales impuestos por la cultura específica y, a veces, sustituyéndolos.

Resumen

Los juegos que requieren diversos comportamientos intelectuales siempre se encuentran en la cultura, y, si los analizamos, un juego de patear pelota o de esquivar oponentes u obstáculos nos permitiría aislar varios procesos mentales que comprenderían la memorización, la evaluación, la categorización y la resolución de problemas, cuya importancia ya conocemos. Al mismo tiempo, los juegos que nos interesan en este texto tratan varias facetas de la inteligencia ya identificados por los estudiosos durante el transcurso de los últimos 20 años.

Estos juegos deben introducirse correctamente en todo el contexto educacional; su eficacia depende del grado en que el maestro los administre, compenetrándose con las necesidades infantiles explícitas. La capacidad para adaptarse a los niveles intelectuales y de maduración del grupo infantil es otro requisito que el docente que está dispuesto a iniciarse en el mundo del movimiento y la actividad mental tiene que adquirir forzosamente.

Los juegos ofrecen la posibilidad de asistir al maestro con niños de lento aprendizaje y aquéllos con retrasos mentales, ya que los impulsan a pensar y a actuar más concreta y eficazmente, y tienen la virtud de estimular, además, al niño promedio y al superdotado con actividades físicas que tal vez han desdeñado antes por considerarlas aburridas e intrascendentes.

Este libro se terminó de imprimir
en el mes de abril de 2004
en Artes Gráficas del Sur
Almirante Solier 2450, Sarandí,
Pcia. de Buenos Aires, Argentina